JAN LOCK

Fische räuchern

Geräte · Methoden · Rezepte

Was Sie in diesem Buch finden

Vorwort

Als ich mich neulich bei einer Feier im Freundeskreis mit den Worten: »Ich muss noch ein paar Seiten für mein Räucherbuch schreiben«, etwas früher als gewohnt verabschiedete, gab mir Angel- und Räucherfreund Stefan augenzwinkernd folgende Worte mit auf den Weg: »Du kannst ruhig noch etwas bleiben – das Buch schreibe ich für dich morgen schnell fertig: Forelle salzen, vortrocknen und dann räuchern, fertig ist der Räucherfisch!«

Recht hat er! Im Grunde ist Räuchern wirklich keine Kunst. Wer einmal den Bogen raus hat, braucht nicht lange zu überlegen – er legt einfach los. Wer sich allerdings das erste Mal dafür entscheidet, dem Fischmann auf dem Wochenmarkt ein paar frische Fische abzukaufen, um sie daheim eigenhändig zu vergolden, braucht ein gutes Konzept! Im Vorfeld der Räucherpremiere muss sich jeder in Bezug auf seine individuellen Vorstellungen und Möglichkeiten mit vielen Fragen beschäftigen.

Zugegebenermaßen war mein eigener, allererster Räucherversuch mehr von jugendlichem Aktionismus als von einem Konzept geprägt. Überlegungen wie: Welche Sorte Fisch? Gas, Holz oder Heizspirale? Wie viel Salz? Woher kommt der Rauch? Wie lange wird gegart...?, hatten mich nicht wirklich interessiert. Als Versuchskaninchen landeten unbehandelte, selbst gefangene Weißfische und ein kleiner Hecht in meiner Tonne. Das Ergebnis war entsprechend: Ohne Thermometer und Hintergrundwissen fertigte ich trockene Fischmumien mit Rauchgeschmack an, deren Verzehr heutzutage ganz bestimmt in die Kategorie »Mutprobe« fallen würde.

Seither sind einige Jahre und noch viel mehr Räuchergänge vergangen. Meine heutigen Räucherfische schlagen niemanden mehr in die Flucht und mir macht es viel Spaß, mit anderen »Räuchermännern und -frauen« am qualmenden Ofen zu fachsimpeln und später, in einer gemütlichen Runde, frisch geräucherten Fisch zu genießen.

In diesem Zusammenhang möchte ich auf jeden Fall allen Freunden danken, die am Gelingen dieses Buches mit Rat und Tat beteiligt waren!

Beispielsweise ließ mich meine Frau knappe 12 Stunden nach der Geburt unserer Tochter davonziehen, um Alfred bei der Herstellung seiner sensationell guten Weihnachtsforellen zu fotografieren. Sämtliche Szenen auf den folgenden Seiten sind aus dem wirklichen (Räucher-)Leben genommen. Und als ob das »Fotografiert werden« nicht schon nervig genug ist, wurden die Akteure von mir auch noch mit neugieren Fragen zu ihrem Tun gelöchert. Vielen, vielen Dank für eure Geduld und Hilfe!

Das Ergebnis der guten Zusammenarbeit halten Sie, lieber Leser, nun in Ihren Händen und es würde alle Beteiligten sehr freuen, wenn dieses Buch Ihnen bei Ihrem eigenen Projekt »Fische räuchern« mit passenden Antworten und Tipps als Ratgeber zum guten Gelingen nützlich zur Seite steht.

Lassen Sie mit Konzept und Spaß kräftig die Öfen qualmen!

Herzlichst

Ihr

Jan Lock

Am Anfang war der Fisch

Geräuchert haben schon unsere Ahnen – damals jedoch noch vor dem Hintergrund der Haltbarmachung. Auch heute hat das Räuchern von Fischen zahlreiche Freunde bei Jung und Alt. Erfahren Sie auf den folgenden Seiten, was es Interessantes über das Räuchern zu wissen gibt, und lernen Sie die Grundlagen kennen, um selbst einmal vergoldete Köstlichkeiten herzustellen.

Warum wird überhaupt geräuchert?

Mit Rauch vergoldete Fische können auf eine recht lange Geschichte zurückblicken. Neben dem Trocknen und Pökeln ist das Räuchern eine der ältesten Methoden, Fisch für den menschlichen Verzehr über einen längeren Zeitraum haltbar zu machen. Die Frage, wer das Räuchern letztendlich erfunden hat, lässt sich heute nicht eindeutig klären – dafür lässt sich darüber umso besser spekulieren.

Wer hat es erfunden?

Ich persönlich kann mir sehr gut folgende Räucherpremiere vorstellen: Nach zwei langen Tagen am Wasser kam einer unserer Urvorfahren zurück zu seiner Fischerhütte. Beim Öffnen der Tür begrüßten ihn dichte, blau-graue Rauchschwaden. Mist! Das bekannte Problem mit dem defekten Rauchabzug seiner Hütte wollte er doch schon seit Tagen erledigt haben. Jetzt hatte er den Salat! Wegen des verstopften Kamins seiner Behausung konnte der Rauch seiner Feuerstelle über die gesamte Zeit nicht abziehen und nun hatte der entstandene Qualm sein komplettes Heim eingenebelt. Besonders ärgerlich: Der gesamte Fang der Vortage, ein ganzer Korb mit kapitalen Forellen, die er gespalten und mit dem doch so wertvollen Salz haltbar gemacht und zum Trocknen unter die Decke seiner Behausung gehangen hatte, war offensichtlich hinüber. Sämtliche Fischhälften überzog eine dunkle, rauchige Schicht. »Die sind gewiss ungenießbar geworden!«, befürchtete unser vermeintlicher Pechvogel.

Doch Moment, als er die erste Fischhälfte von dem eigens dafür gezimmerten Regal nahm, stellte er fest, dass das verrauchte Fischfilet gar nicht so übel roch – im Gegenteil! Und als er es anschnitt, hielt er zwischen seinen Fingern saftigen Fisch, der äußerst aromatisch und zudem auch noch bekömmlich war. Wie konnte das sein?

Schnell hatte er eins und eins zusammengezählt und in den darauffolgenden Tagen eine eigene kleine Räucherhütte errichtet. Der Erfinder des Räucherfischs experimentierte mit Salzmenge, Temperatur, Garzeit und verschiedenen Holzsorten. Schnell wurde er mit seinen goldenen, würzig duftenden Fisch- und Fleischwaren weit über seine Dorfgrenzen bekannt. Viele Leute kamen zu ihm, um seine Waren zu kaufen. Denn seine Fische schmeckten nicht nur gut, sondern sie waren zudem auch einige Tage haltbar, Fleisch sogar noch länger. Selbst die sonst so lästigen Fliegen schmähten auf wundersame Weise diese Leckerbissen.

Wie eingangs bereits erwähnt: Wer genau das Räuchern erfunden hat, lässt sich heute nicht sagen. Vielleicht war es, wie in der hier erdachten Geschichte, eine Aneinanderkettung von Zufällen, die zu der Erkenntnis führte, dass mit Salz und Rauch behandelter Fisch zum einen delikat schmeckt und zum anderen über einen längeren Zeitraum haltbar gemacht werden kann und nicht nur wegen des guten Geruchs eine dufte Alternative zum Trockenfisch ist.

LINKS: Das Vergolden von Fischen kann auf eine lange Tradition zurückblicken. Früher geschah es zur Haltbarmachung, heute meist aus reinem Genuss.

RECHTS: Eine Delikatesse: frisch geräucherte Forellen vom heimischen Teichwirt.

So wird heute geräuchert

In den letzten paar Jahrzehnten sind in unsere Haushalte äußerst praktische Kühlschränke und Gefriertruhen eingezogen, die für uns mittlerweile selbstverständlich sind. Vor 50 Jahren waren diese nützlichen Geräte noch lange kein Standard. Wer damals kein teures Kühlgerät besaß, hatte jedoch eine feine Räucherkammer in seinem Kamin integriert. Diese befand sich meist oben unter dem Dach, dort, wo der Rauch des Ofenfeuers der unteren Etagen schon abgekühlt war. Hier wurden Schinken und Würstchen konserviert, was, je nachdem was gerade im Ofen verfeuert wurde, nicht immer gesundheitsfördernd war, wie wir heute wissen.

Die »Jäger und Sammler« der Moderne stehen, der Kühltruhe sei Dank, selbst im Hochsommer nicht mehr vor dem Problem der Konservierung ihres Fanges. Eingefrorener Fisch ist je nach Art und Fettgehalt über mehrere Monate haltbar. Fisch kommt bei uns aus geschmacklichen Gründen in den Rauch, weil das Produkt »Räucherfisch« eine Delikatesse ist, deren Nachfrage stetig steigt.

Aussterbende Tradition

An der Küste noch häufiger vertreten, im Binnenland leider immer seltener werdend – hier und dort findet man zum Glück noch den heimischen Fischer, über dessen Hof dieser verführerisch rauchige Duft zieht, bei dem man sofort Appetit auf Pfeffermakrele und saftigen Aal bekommt. Dort ist der gesamte Prozess, vom Auslegen der Netze über das Versorgen des Fanges bis hin zum Befeuern des großen, aus Ziegelsteinen gemauerten Ofens noch echtes Handwerk. Der Geschmack der vergoldeten Fische ist in solchen Traditionsbetrieben einzigartig, denn die kleinen, streng gehüteten Geheimnisse der Räucherkunst werden nur von Generation zu Generation weitergegeben. Natürlich kann dieser Fisch preislich nicht mit den günstigeren Supermarktprodukten mithalten. Ich habe jedoch auch noch niemanden gesehen, der auf dem Discounterparkplatz eine geräucherte Makrele aus der Verpackung nimmt, um ein erstes Häppchen genüsslich mit den Fingern von der Mittelgräte zu ziehen. Beim Fischer in Dänemark ist dies bei uns längst ein Familienritual.

Der Kunde in einem solchen Familienbetrieb kauft ein kleines Traditions-Erlebnis und ein Stück authentischer Handwerkskunst, das sich mit allen Sinnen genießen lässt. Hier kann kein Industriefisch mithalten!

Industrielle Räucherfertigung

Es gibt allerdings auch Fischer, die aufgrund der recht hohen Nachfrage an Räucherfisch zusätzlich angekaufte Ware mit weiterverkaufen. Wer hier verunsichert ist, erkundigt sich ganz einfach einmal im entsprechenden Betrieb. Mit ein wenig Glück geben die dem interessierten Kunden nicht nur Auskunft, sondern laden sogar zu einer kurzen Führung ein.

Der Räucherfisch, den wir in den Supermarktregalen finden, stammt überwiegend aus industrieller Räucherfertigung. Hier gibt es verschiedene Methoden. Es wird im großen Stil zwar auch »klassisch« geräuchert, doch neue, ökonomischere Verfahren sind im Kommen. Beispielsweise werden zuvor gesalzene Fische oder Teile davon unter Druck regelrecht mit Rauch »beschossen«.

Die Behandlung mit Flüssigrauch ist ebenfalls ein gängiges Verfahren. Die »Räucherware« wird dabei mit künstlich verflüssigtem Rauch eingenebelt oder in diesen getaucht und erhält so in kürzester Zeit das spezielle Aroma. Diese Verfahren haben so gut wie nichts mehr mit der Hand-

RECHTS: Die streng überwachten Räucherverfahren bei industrieller Fertigung garantieren einen niedrigen Anteil gefährlicher Schadstoffe im Rauch.

werkskunst des Familienbetriebes zu tun, aber sie ermöglichen gleichbleibend hohe Qualität in Bezug auf Geschmack und Aussehen. Hinzu kommen Faktoren wie Zeitersparnis sowie niedrige Produktionskosten.

Es soll aber nicht verschwiegen werden, dass diese Räucherware, die doch jegliche Räucherromantik missen lässt, letztendlich auch gesundheitliche Vorteile für den Kunden hat. Die standardisierten und streng überwachten Verfahren garantieren zum Beispiel ein mögliches Minimum an gefährlichen Schadstoffen im Rauch.

Egal, ob industriell oder privat gefertigt, ein Blick auf die Zutatenliste von geräucherten Fischprodukten zeigt erfreulicherweise nur Gutes! Lediglich Salz und Rauch sind in den meisten Produkten zu finden. Im Gegensatz zu vielen anderen Fleisch- und Fischprodukten sind keinerlei Konservierungsstoffe enthalten.

Die »Hobby-Räucherer«

Zu guter Letzt gibt es noch die Freizeiträucherer. Meist sind es Angler oder Hobby-Fischzüchter. Wie andere Leute den Grill werfen sie am Wochenende den Räucherofen an und versorgen sich und ihre Familie mit ihrem veredelten Fang. Vom Prinzip ähnelt diese Spezies übrigens dem fiktiven Räucher-Pionier aus der kurzen Geschichte zu Beginn dieses Kapitels. Sie tüfteln gerne an ihren Öfen – so manch einer besitzt gleich mehrere Modelle – testen verschiedene Gewürze und kokeln mit diversen Holzsorten herum.

Von weit über die Gartenzaungrenzen hinaus kommen interessierte Nachbarn, die nur allzu gerne ihre Werke kosten. Die anschließenden Fragen wie »Wann räucherst du denn wieder?« und »Denkst du dann auch an mich?!« sind freundliche sowie ehrende Bestätigungen für den Sinn ihres Tuns.

Die Grundlagen

Das Prinzip des klassischen Räucherns ist recht simpel. Grob unterteilt unterscheiden wir zwischen zwei Methoden, dem Heißräuchern und dem Kalträuchern. Jede Methode hat ihre Vorzüge und Besonderheiten, welche Variante man anwendet, ist letztendlich auch Geschmackssache. Im Folgenden werden die Grundlagen für beide Varianten kurz erklärt.

Das Heißräuchern

Das im Hobbybereich bekannteste und am meisten praktizierte Verfahren ist sicherlich das Heißräuchern. Zur Vorbereitung wird der gesäuberte Fisch mit Kochsalz behandelt. Das Salz zieht in das Fleisch ein und dient der Konservierung sowie der Geschmacksgebung. Anders als bei der Schinkenherstellung wird hierzu nicht zusätzlich Natriumnitrit verwendet, es wird also nicht gepökelt. Der anschließende Heißräuchergang lässt sich grob in zwei Phasen unterteilen:

Phase 1:
Der gesalzene Fisch wird zuerst einer Temperatur von 80–120 °C ausgesetzt. Dabei beginnt das im Fisch enthaltene Eiweiß zu gerinnen, die zuvor glasige und feste Struktur des Fischfleischs wird hell und zart. Der gegarte Fisch wäre bereits jetzt für den menschlichen Verzehr geeignet.

Phase 2:
Für Farbe, Aroma und Haltbarkeit sorgt aber erst der nun folgende Räuchervorgang. Die Temperatur wird gedrosselt und der Rauch kommt ins Spiel. Dieser wird je nach Ofenart mit glimmendem Räuchermehl oder Holzscheiten, meist Buchenholz, erzeugt. Die Inhaltsstoffe des Rauchs, über 200 davon sind bereits bekannt, sorgen nun für einige chemische Prozesse, die den Fisch zur fertig geräucherten Delikatesse werden lassen.

LINKS: So für den Ofen vorbereitet, werden diese Portionsforellen in etwa 90 Minuten fertig vergoldet sein.

»…Das typische Raucharoma wird überwiegend durch Phenole und Terpenkohlenwasserstoffe sowie deren Derivate bestimmt. Die konservierenden Eigenschaften werden neben den Phenolen vor allem durch Carbonylverbindungen verursacht. Außer den erwünschten Bestandteilen kommen im Rauch aber auch gesundheitlich bedenkliche Verbindungen vor, zum Beispiel polyzyklische aromatische Kohlenwasserstoffe (PAK) wie das Benzpyren, Benzfluoren und das Benzanthrazen, die im Tierversuch mutagene oder kanzerogene Wirkungen besitzen…«
(Meier, Dietrich, In: ForschungsReport 2/2004)

Ist Räucherfisch gesund?

Dass Rauchen gesundheitsschädlich ist, lernen wir schon als Kinder. Bevor Sie, lieber Leser, aber nun dieses Buch zuklappen und Ihrer Gesundheit zuliebe Ihre schönen Forellen zur Sicherheit auf dem Grill brutzeln wollen, denken Sie bitte daran, dass auch hierbei zahlreiche gesundheitsschädliche Stoffe entstehen!

Wie immer im Leben: Die Dosis macht das Gift! Sicherlich ist es aus medizinischer Sicht nicht empfehlenswert, jeden Tag Mengen von Räuchergut zu verzehren, aber hin und wieder ist gegen ein, zwei leckere Räucher-Forellen bestimmt nichts einzuwenden.

Ich gehe sogar so weit und stelle die These auf, dass Räuchern auch ganz gewiss gesundheitsfördernde Nebenwirkungen hat! Über die positive psychologische Wirkung

des ursprünglichen Umgangs mit Feuer und Fisch sowie der dafür benötigten beschaulichen und entspannenden Zeit ohne Alltagsstress, die wir bei diesem Hobby an der Räuchertonne verbringen, hat gewiss noch niemand eine wissenschaftliche Arbeit verfasst. Die Ausschüttung von Glückshormonen, wenn alles wunderbar geklappt hat, und die sozialen Faktoren beim gemütlichen gemeinschaftlichen Verspeisen der Fische, seien hier nur nebenbei erwähnt.

Das Kalträuchern

Wenn man die Bandbreite der Räucherprodukte betrachtet, also Fisch, Fleisch Käse usw., dann ist der Prozess des Kalträucherns der gängigste. Wie der Name schon sagt, läuft der Prozess des Kalträucherns unter gemäßigten Temperaturen ab. Kalter Rauch ist das traditionelle Mittel, um Fleisch- und Fischwaren über einen längeren Zeitraum haltbar zu machen.

Der große Unterschied zum Heißräuchern ist die Temperatur: Damit das Eiweiß im Fischfleisch nicht stockt, muss sie während der gesamten Räucherphase unter 25 °C bleiben. Der Fisch bleibt quasi »roh«, er wird nicht gegart, sondern durch den Prozess des Einsalzens – wahlweise ist neben dem konservierenden Salz auch Zucker mit im Spiel – und die anschließende kalte Rauchbehandlung veredelt.

Kalt geräuchert werden hauptsächlich große, von Gräten befreite Salmonidenfilets. Lachs, Meer-, Seeforellen und dicke Zucht-Regenbogenforellen, sogenannte »Lachsforellen« sind hier die erste Wahl. Letztere haben bis auf den Namen nichts mit Lachsen zu tun. Hierzu später mehr.

Zum Kalträuchern braucht man Geduld. Während ein Heißräuchergang spätestens nach zwei Stunden abgeschlossen ist, kann das Kalträuchern eines zwei Kilogramm schweren Lachsstückes schon einmal mehrere Tage in Anspruch nehmen. Die Räucherphase wird immer wieder von längeren Pausen unterbrochen, die der Lüftung und dem Abkühlen dienen. Auch während der Räucherphasen muss unbedingt regelmäßig die Temperatur im Ofen kontrolliert werden – ein paar Minuten ein paar Grad zu viel und das Eiweiß stockt. Der Fisch ist dann zwar noch essbar, hat aber nicht mehr die feine Eigenschaft von kalt geräucherter Ware. Insofern ist dieses Verfahren mit Abstand das anspruchsvollste, aber definitiv die Mühe wert! Das Ergebnis ist ein festes Fischfleisch, das in hauchdünne Scheiben geschnitten auf einem frischen Stück Brot mit guter Butter auf der Zunge zergeht.

So mancher Fischmuffel, der bis dato vom glibbrig gekochten »Schlamm-Teichkarpfen« traumatisiert war, wurde schon von einer delikaten kaltgeräucherten Lachsschnitte bekehrt.

LINKS: Vor dem Kalträuchern reift der Fisch zunächst in einer Salz-Zucker-Mischung. Erst danach beginnt der Räuchervorgang.

RECHTS: Das Ergebnis kann sich sehen lassen! Kaltgeräucherte Filets lassen einem das Wasser im Mund zusammenlaufen.

0
20
40
60
80
100
120
C
140
160
180
200

Das Zubehör

Der Markt bietet eine Vielfalt an Zubehör für den »Hobbyräucherer«. Um für die eigenen Zwecke das bestmögliche Material zu bekommen, sollte man einen Überblick über die Methoden und das unterschiedliche Gerät haben. Nach dem folgenden Kapitel können Sie mitreden.

Welcher Ofen passt zu mir?

Wer heutzutage auf der Suche nach einem passenden Räuchergerät ist, hat schnell die Qual der Wahl. Das Angebot an verschiedenen Geräten ist so umfangreich, dass der interessierte Neueinsteiger nach kurzer Zeit den Überblick verlieren kann. Es stellen sich viele Fragen: Welche Größe brauche ich? Edelstahl oder verzinktes Stahlblech? Gas-, holz- oder elektrobetrieben? Benötige ich kostspielige isolierte Wände oder reicht eine einwandige Konstruktion?

Leider werden diese anfänglichen, grundlegenden Fragen bei den jeweiligen Anbietern oft nicht hinreichend erklärt. Dieses Kapitel soll Ihnen helfen, den für Sie passenden Ofen-Typ zu finden!

Direkt oder indirekt?

Egal, mit welcher Energiequelle sie betrieben werden, grundsätzlich lässt sich bei den Räucheröfen zwischen zwei unterschiedlichen »Betriebssystemen« unterscheiden, dem direkten und dem indirekten System. Im Hobbybereich wird am häufigsten das sogenannte direkte System angewendet.

Die Fische befinden sich dabei in demselben Raum wie die Energiequelle, die diesen aufheizt. Der Innenraum des Ofens wird, wie der Name schon sagt, direkt erhitzt. Wird in diesem System mit Holz geheizt, kann auf die Verwendung von Räuchermehl verzichtet werden. Bei anderen Hitzequellen sorgt ein Kasten mit Räuchermehl,

der über dem Gasbrenner oder der Heizspirale positioniert wird, für den Rauch. Mehr dazu finden Sie in den folgenden Kapiteln.

Beim Räuchern im indirekten System wird der Innenraum des Räucherofens von außen indirekt erhitzt, es besteht also eine Trennung zwischen Räucherkammer und Hitzequelle. Egal mit welcher Hitzequelle in diesem Fall gearbeitet wird, bei diesem System wird immer Räuchermehl benötigt, das im Innenraum des Ofens indirekt, nämlich durch die Hitze von außen, zum Schwelen gebracht wird.

Holzbetriebene Öfen

Holzbetriebene Öfen sind definitiv die Klassiker unter den Räuchergeräten. Hier wird wie vor Hunderten von Jahren der Fisch ausschließlich mit Holz geräuchert. Der Materialaufwand für einen Räuchergang ist erfreulicherweise sehr überschaubar und recht kostengünstig, da lediglich trockenes Holz benötigt wird.

Das Funktionsprinzip ist schnell erklärt: Zuallererst wird der Ofen mit einem Feuer vorgeheizt. Wenn das Holz heruntergebrannt ist und der Ofen seine Betriebstemperatur erreicht hat, werden die Fische in den Ofen eingehängt und über der entstandenen Glut gegart. Damit verdunstende Feuchtigkeit aus dem Fischfleisch abziehen kann, bleibt der Deckel beziehungsweise der Schornstein in dieser Phase geöffnet. Sobald der Fisch durchgegart ist, beginnt der eigentliche Räucherprozess: Um den gewünschten Rauch zu erzeugen, wird Holz nachgelegt. Dieses soll nun auf der verbliebenen Restglut bei niedriger Temperatur schwelen. Hierfür wird die Luftzufuhr von unten gedrosselt und oben der Deckel beziehungsweise der Kamin etwas weiter geschlossen.

Räuchern im Mauerwerk

Der traditionellste Holzofen ist natürlich der gemauerte Steinofen. Wer leidenschaftlich viel und oft räuchert, baut sich früher oder später nach seinen eigenen Vorstellungen ein solches Gerät auf seinem Grundstück. Einmal ordentlich vorgeheizt, hält das Mauerwerk sehr lange und konstant die Hitze. Allerdings kann es je nach Ofengröße schon ein Weilchen dauern, bis ein großer Steinofen auf Betriebstemperatur gekommen ist. So muss bei einigen voluminösen Bauwerken morgens in der Früh mit dem Anfeuern begonnen werden, um mittags mit dem Räuchern starten zu können.

LINKS: Holzbetriebene Öfen sind der Klassiker unter den Räuchergeräten. Heutzutage bietet der Markt jedoch eine Vielzahl an Systemen an. Hier ist für jeden Geschmack etwas dabei.

RECHTS: Funktioniert auch ohne Mörtel – ein provisorischer Steinofen.

Metallöfen

Die meisten Räuchereinsteiger sammeln mit Metallöfen ihre ersten Räuchererfahrungen und bleiben dann häufig bei diesen. Auch in Metallöfen lässt sich prima mit Holz räuchern. Das Prinzip ist das gleiche wie beim Steinofen, lediglich die lange Vorheizphase des Ofens entfällt, da die Metallwände nicht vorgeheizt werden müssen.

Das hat aber einen großen Nachteil, denn über die Metallflächen geht gerade im Winter viel Wärme nach außen verloren. Um den Temperaturverlust auszugleichen, muss deshalb des Öfteren Holz nachgelegt werden. Das bedeutet automatisch, dass das Feuer immer wieder zu brennen beginnt und das Räuchergut damit auch immer wieder ungesunde Spuren von Ruß abbekommen kann. Dies äußert sich dann in einer etwas dunkleren Farbe der Fische.

Die Metallfrage

Alumiertes Feinblech, verzinktes Stahlblech oder doch Edelstahl? Aus welchem Material der Räucherofen sein soll, ist eine Frage des persönlichen Geschmacks und natürlich spielt die Dicke des Geldbeutels eine große Rolle bei dieser Kaufentscheidung. Ein Edelstahlofen schaut recht edel aus, kostet aber auch schnell doppelt so viel wie ein verzinkter Ofen. Ein verzinkter Ofen ist jedoch nicht nur günstiger, sondern bei Hitze auch formstabiler als ein Edelstahlmodell. Aber Moment einmal, Zink ist doch auch gesundheitsgefährdend, oder?

OBEN: Die meisten Hobbyräucherer ziehen die pflegeleichten und meist auch kostengünstigeren Metallöfen einem Steinofen vor.

UNTEN: In diesen Edelstahl-Räucherschrank passen locker 150 Forellen.

Richtig, in Staubform aufgenommen oder als Dampf eingeatmet ist Zink gesundheitsschädlich. Im Räucherofen lagert sich jedoch mit der Zeit eine schwarze Teerschicht ab, welche die Zinkbeschichtung komplett versiegelt. Wer dann noch darauf achtet, dass sein Räuchergut nicht mit den Ofenwänden in Berührung kommt, kann eine eventuelle Zinkstaubbelastung ausschließen.

Dann wäre da noch der Zinkdampf. Dieser entsteht ab Temperaturen von ca. 900 °C. Im Feuerkasten des Ofens entstehen aber selten Temperaturen über 500 °C. Demzufolge brauchen wir Hobbyräucherer keine Angst vor giftigen Zinkdämpfen und Staubpartikeln zu haben.

Nicht verzweifeln!

Bei einem Holzofen ist gewisses Fingerspitzengefühl bei der Steuerung der Luftzufuhr und den richtigen Holzmengen notwendig. Dieses muss sich ein jeder Räucherneuling erst einmal mit etwas Lehrgeld in Form von »verunglückten« Fischen erarbeiten! Jeder Benutzer eines Holzofens kennt zum Beispiel das fiese »Platsch-Zisch-Geräusch«, wenn die gute Lachsforelle vom Haken rutscht und in die Glut fällt, weil die Gartemperatur zu hoch war.

Doch gerade an diese Unfall-Fische kann ich mich am besten erinnern: Hektisch wurden ihre Überreste aus der Glut gerettet und mit schwarzen Fingern direkt von einem Holzscheit neben dem Ofen verköstigt. Sie waren alles andere als gelungen, aber dafür eigenhändig gefangen und »zubereitet« und gaben darüber hinaus einen sehr motivierenden Vorgeschmack auf das, was mich nach einem gelungenem Räuchergang erwartet.

RECHTS: Einsteiger zahlen erst einmal »Lehrgeld«. »Abgestürzter« Fisch wird sofort verspeist und schmeckt nicht weniger köstlich!

Egal, ob aus Stein oder Metall – ursprünglicher als mit einem Holzofen kann man nicht räuchern. Dadurch, dass ausschließlich mit Holz als Brennstoff gearbeitet wird, bekommt der Fisch von Anfang an ein intensives Holzaroma.

Gas- oder elektrobetriebene Öfen

Die Verwendung von Gas und Strom ist wahrscheinlich die einfachste Art des Hobbyräucherns. Die Hitze, bei der das Räuchergut gegart wird, wird hierbei mittels eines Gasbrenners oder einer Heizspirale erzeugt, die unten im Ofen positioniert ist. Der unschlagbare Vorteil dieser Geräte liegt darin, dass die Temperatur jederzeit stufenlos geregelt werden kann. Im Gegensatz zum Holzofen ist der Umgang mit Gas und Strom zwecks Hitzeerzeugung sehr komfortabel. Jeder, der mit einem Küchenherd umgehen kann, wird auch sofort einen Gas- beziehungsweise Elektroräucherofen bedienen können. Der Ofen wird einfach vorgeheizt, dann werden die vorbereiteten Fische einge-

hängt. Über der Wärmequelle wird eine Schale mit Sägemehl positioniert, das langsam zu glimmen beginnt und so den gewünschten Rauch erzeugt.

Ein weiterer Vorteil dieser Öfen ist die Tatsache, dass der Räucherprozess nicht unbedingt in Gar- und anschließende Räucherphase eingeteilt werden muss, wie es bei den Holzöfen der Fall ist. Denn mit Gas oder Strom kann der Fisch in einem Gang gegart und geräuchert werden. So behandelt, ist er bereits nach einer Stunde fertig für den Verzehr.

Öfen sind verschieden – genau wie ihre Betreiber

Ob Sie nun mit Gas oder Elektrik oder doch lieber über Holz räuchern wollen, ist reine Geschmackssache und die Entscheidung für den jeweiligen Ofentyp müssen Sie unter Abwägung der genannten Vor- und Nachteile selbst treffen. Bei diversen Studien des Räucherverhaltens in meinem Bekanntenkreis komme ich jedoch definitiv zu dem Ergebnis, dass sich ein enger Zusammenhang zwischen Grill- und Räuchervorlieben feststellen lässt: Menschen, die ihre Würstchen gerne auf dem Gasgrill brutzeln, vergolden in aller Regel ihre Forellen auch im Gasofen. Zum einen sind sie von den Vorteilen der schnell verfügbaren und gut regelbaren Gasflamme überzeugt, zum anderen steht die Gasflasche ja bereits auf der Terrasse.

OBEN: Die Verwendung von Gas oder Strom ist wohl die einfachste Art des Hobbyräucherns.

MITTE: Bei diesem Beispiel erzeugt eine Heizspirale, die unter dem Ofen positioniert ist, die notwendige Hitze, um das Räuchergut zu garen.

UNTEN: Ein solcher Kompaktofen ist einfach in der Handhabung und findet auf jeder Terrasse Platz.

Wer sein Grillgut lieber klassisch über Holzkohle gart und für diesen unverwechselbaren Geschmack gerne etwas höhere Kohlenwasserstoffverbindungen und Acrylamidbelastung in Kauf nimmt – gegrilltes Fleisch kommt ja nicht täglich auf den Tisch –, wird auch beim Räuchern viel Spaß mit einem »echten« Feuer haben und freundet sich deshalb äußerst gerne mit einem Holzräucherofen an.

Dann gibt es die Elektrogriller, die trotz aller Unkenrufe der Gas- und Holzfraktion die Vorteile des einfachen Elektrogrills zu schätzen wissen. Sei es wegen der einfachen Handhabung oder ganz einfach aus Platzgründen, denn ein kleiner Kompaktofen samt Heizspirale findet auch in einer Etagenwohnung mit kleinem Balkon Platz.

Um die Entscheidung etwas zu erleichtern, hier noch einmal in Kürze die Vor- beziehungsweise Nachteile der verschiedenen Öfen:

Gasofen

Vorteile:
- Schnelle und gut zu regulierende Hitze.
- Auf Dauer wirtschaftlich, da das Gas recht günstig ist.
- Überall einsetzbar, da keine Steckdose nötig ist.

Nachteil:
- Verhältnismäßig hohe Anschaffungskosten.

Fazit: Ein gasbetriebener Ofen ist optimal für Vielräucherer, die einen gewissen Komfort zu schätzen wissen.

Elektroofen

Vorteile:
- Günstig in der Anschaffung.
- Einfach zu bedienen.
- Platzsparend.

Nachteile:
- Frisst viel Strom – ein isolierter Ofen zahlt sich aus!
- Nicht überall einsetzbar, da eine Steckdose nötig ist.
- Da es mit einer Heizspirale zu lange dauern würde, einen großen Ofen zu erhitzen, sollte ein Elektroofen nicht mehr als 0,8 m^3 Volumen haben.

Fazit: Elektroöfen sind eine gute Lösung für Räucherfreunde, die ab und an ein paar Fische vergolden möchten.

Holzöfen

Vorteile:
- Holzaroma von Anfang an.
- Klassische Räucherromantik pur!
- Überall einsetzbar.
- Geringe Kosten.

Nachteile:
- Die Temperatursteuerung will gelernt werden.
- Recht betreuungsintensiv.
- Rußgefahr bei falscher Bedienung.

Fazit: Wer gerne kokelt und Räucherfisch »pur« genießen möchte, kommt am Holzofen nicht vorbei.

Das Tropfblech

In den meisten Räucheröfen findet man ein sogenanntes Tropfblech. Dieses ist entweder fest eingebaut oder es lässt sich einfach einsetzen. Zwischen der Hitzequelle und den Fischen hat es die Aufgabe, während dem Räuchergang verflüssigtes Fett oder auslaufendes Eiweiß davon abzuhalten, in beziehungsweise auf die Hitzequelle zu tropfen. Bei Gas- und Elektroöfen hat es seine volle Berechtigung. Es ist nämlich nahezu unmöglich, eingebrannte Fischreste von einer Heizspirale oder einem Gasbrenner vollständig zu entfernen, ohne diese Geräte dabei zu beschädigen.

Bei Holzöfen lässt sich meiner Meinung nach über die Notwendigkeit dieser Vorrichtung streiten. Wenn Fett heruntertropft, fällt es sofort in die Glut und verbrennt hier. »Achtung, Acrylamidgefahr!« wird nun der eine oder andere einwenden. Das ist prinzipiell richtig, aber zum einen nehme ich dieses Risiko auch beim Grillen auf mich, zum anderen sollte man sich die Bleche der handelsüblichen Öfen einmal genauer anschauen!

Aus Platzgründen sind die Tropfbleche meistens unmittelbar waagerecht direkt über der Feuerlade installiert. Fett und Eiweiß treten zum größten Teil während der Garphase aus, also dann, wenn die Temperatur am höchsten ist. Was passiert? Sie tropfen auf das glühend heiße Tropfblech und verdampfen dort, ebenfalls nicht gut! Natürlich könnte man nun einwenden, dass bei höherer Temperatur, also direkt in der Glut, gefährlichere Verbindungen entstehen können als etwas weiter oberhalb, dafür rauchen die Fetttröpfchen auf dem nicht ganz so heißen Blech umso länger. Diskussion hin, Diskussion her, ich für meinen Teil ziehe folgende Schlussfolgerung für ein richtig gutes Tropfblech: Das ideale Tropfblech hindert den austretenden Fischsaft nicht nur daran, direkt in die Flamme zu fallen, sondern es ist auch so weit über der Hitzequelle installiert, dass der herunterfallende Fetttropfen nicht sofort verbrennt, sondern schön nach außen ablaufen kann, ohne gesundheitsschädigende Stoffe freizusetzen.

Aber es gibt noch eine weitere gute Möglichkeit, unerwünschtes Herabtropfen von »fischiger« Flüssigkeit in die Glut zu verhindern: Ursachenvermeidung heißt das Zauberwort! Austretende Flüssigkeit während des Räucherganges hat nämlich zwei Hauptgründe, die sich gegenseitig beeinflussen: die jeweilige Fischart und die Gartemperatur.

Wer mit diesen beiden Variablen geschickt arbeitet, bekommt das Problem ganz gut in den Griff. Je höher die Temperatur, desto schneller verflüssigt sich Fett. Auslaufendes Fett hat übrigens nicht nur den Nachteil, dass es heruntertropft – mit jedem Tropfen verliert der Räucherfisch auch unnötig an Aroma und wird zudem trocken.

Da der Benutzer eines Holzofens nicht einfach mit einem Regler die Gartemperatur steuern kann, muss er pingelig die Garphase überwachen. Denn schon wenige Minuten bei 140 °C bringen einen Aal zum Kochen.

Grundsätzlich sollte die Gartemperatur bei fettigen Fischen immer etwas niedriger ausfallen. Lachse, große Forellen, Makrelen, Heringe und Aale werden am besten schonend bei 90 °C gegart. Um das hinzubekommen, ist ein schnell reagierendes Thermometer absolut wichtig. Wer sich nicht sicher ist, ob sein Messinstrument präzise arbeitet, legt es zur Überprüfung kurz in den auf 90 °C vorgewärmten Backofen.

LINKS: Bei Verwendung eines Tropfblechs wird abtropfendes Fett aufgefangen und verbrennt nicht.

RECHTS: Stolz präsentiert dieser Hobbyräucherer das Ergebnis seines letzten Räuchergangs.

Mein Ofen-Tipp

Ich persönlich bin ein überzeugter Fan der ganz einfachen Teleskopöfen, die bei fast jedem Räucherofenanbieter für wenig Geld im Angebot zu finden sind.

Wer ganz unbefangen und mit überschaubarem finanziellem Aufwand mit dem Räuchern beginnen möchte, legt sich einfach eine dieser Tonnen zu. Sie bieten mit ihren 25 Zentimetern Durchmesser Platz für bis zu neun Forellen. Da sich die Öfen fast einen ganzen Meter auseinanderziehen lassen, können mit ein bisschen Übung selbst mittelgroße Aale um die 60 Zentimeter in diesen Geräten problemlos vergoldet werden.

UNTEN: Teleskoptonnen sind nicht nur für Einsteiger geeignet. Diese verzinkten Geräte halten ewig und bieten alles, was ein Räucherofen können muss!

Alles, was es an Zubehör braucht, sind dann noch ein paar Räucherhaken, ein Thermometer, das mittels eines Bohrlochs im Deckel nachgerüstet werden sollte, und etwas Holz – fünf Kilogramm trockene Buche reichen spielend für die ersten Räucherversuche.

Für den Gelegenheitsräucherer besonders praktisch: Wenn der Ofen gerade nicht benötigt wird, lässt sich das komplette Equipment in der zusammengeschobenen Tonne verstauen und findet so problemlos in jedem Kellerschrank oder in der Garage Platz – Ökonomie pur!

Ein Räuchereinsteiger, der mit einem solchen Gerät seine ersten Erfahrungen in der Räucherkunst sammelt, bekommt schnell eine eigene Meinung, welcher Ofentyp der richtige für seine individuellen Bedürfnisse ist. Es gibt aber auch Leute, die ihr Räucherleben lang mit diesen Modellen arbeiten, da solche verzinkten Geräte ewig halten und alles bieten, was ein echter Räucherofen braucht.

Erstausstattung

Teleskopierbarer Räucherofen, Höhe 55–90 Zentimeter:	ca. 45 Euro
10 Räucherhaken:	ca. 15 Euro
Zehn Kilogramm kammergetrocknete Buche:	ca. 5 Euro
Kleines Räucherthermometer:	ca. 6 Euro

Für lediglich 71 Euro bekommt der Einsteiger eine komplette Räucherausrüstung, mit der er sofort starten kann.

Das passende Zubehör

Haken – wichtige Details

Wie so oft im Leben entscheiden kleine Details über Erfolg und Misserfolg unserer Projekte. Ein wichtiges Detail zum Räuchern sind auf jeden Fall die Räucherhaken. Sie sind für die Verbindung von Fisch und Ofen zuständig. Wenn hier etwas schiefläuft, also der Haken den Fisch während des Räuchervorgangs nicht sicher halten kann und deshalb der Fisch auf das Tropfblech des Ofens oder – noch schlimmer – direkt in die Glut platscht, war die ganze Mühe umsonst. Deshalb sollten Sie bei der Hakenwahl keine Kompromisse eingehen! Genau wie bei den Räucheröfen sind auch hier viele unterschiedliche Modelle auf dem Markt. Die meisten Räucherhaken sind heutzutage aus Aluminium oder Edelstahl gefertigt. Auch wenn es etwas teurer ist, Edelstahl ist lebensmittelecht und die glatte Oberfläche lässt sich am einfachsten reinigen.

Solange Sie lediglich 300-Gramm-Forellen räuchern wollen, ist es zwar fast egal, welchen Hakentyp Sie verwenden, aber spätestens bei einer dickeren Regenbogenforelle ab 500 Gramm aufwärts sind ein paar Dinge bezüglich der Befestigung im Ofen zu beachten.

Die gefährlichste Phase des Räucherns in puncto Hakenfrage ist ganz klar die Garphase. Hierbei wird es im Ofen am heißesten und gerade dann, wenn die Temperatur versehentlich die 110-Grad-Marke übersteigt, kann es bei unpassenden Haken schon mal passieren, dass ein Fisch vom Haken rutscht.

Auch wenn es auf den ersten Blick so aussieht, als ob es klappen könnte, kommen Sie bitte nicht auf die Idee, die Forellen mit dem Unterkiefer in die einfachen S-Haken einzuhängen, die manchem Ofen ab Werk beiliegen. Die beiden Kieferhälften werden nämlich ganz vorne am Maul lediglich von einer kleinen Knorpelverbindung gehalten, die während des Garprozesses unter dem Gewicht des Fisches schnell nachgibt.

Tipp: Bis auf wenige Ausnahmen werden beim Räuchern von Fischen die Haken grundsätzlich direkt neben der Wirbelsäule im Fischfleisch verankert. Der Haken sitzt so in der größten Muskelpartie des Fisches und sein Eigengewicht kann sich über diesen Punkt am besten über die Rippen bis hin zur tragenden Haut verteilen.

Die einfachste Hakenform ähnelt sehr dem sogenannten S-Haken, der im Fleischerhandwerk benutzt wird. Die Fischräuchervariante, die sich auch leicht selbst herstellen lässt, hat lediglich einen längeren Hakenschenkel. Die obere runde Biegung dient zum Einhängen in den Ofen, die untere Biegung ist eckig abgewinkelt und angespitzt, damit sie sich besser in das Fischfleisch stecken lässt.
Ein weiteres sehr effektives Modell ist die Hakenvariante, bei welcher der untere Haken im rechten Winkel zum Hakenschenkel eine geöffnete Öse beschreibt, die dann um die Wirbelsäule herum durch das Fleisch gedreht wird. Die Anleitung auf Seite 32/33 zeigt, wie einfach der Bau solcher Haken ist.

OBEN LINKS: Fischstücke wie diese Lachsforellenschnitten lassen sich gut in Edelstahlnetzstücken (Fliegengitter aus dem Baumarkt) räuchern.

MITTE: Edelstahl ist das beste Hakenmaterial.

UNTEN LINKS: Eine Auswahl gängiger Hakenmodelle.

OBEN RECHTS: Einer der besten Haken: Die Spitzen werden mit einer Drehung um die Wirbelsäule herum fest verankert.

UNTEN RECHTS: Bei Filets immer daran denken: Die Fischhaut gibt den Halt!

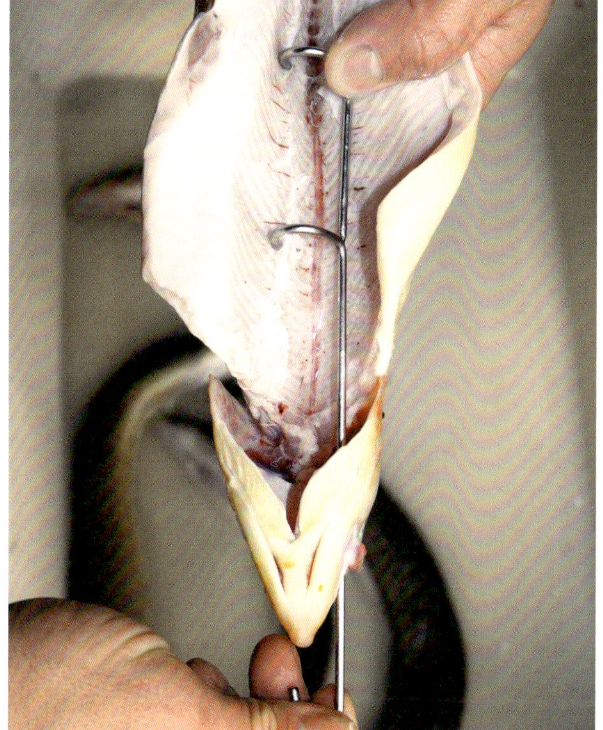

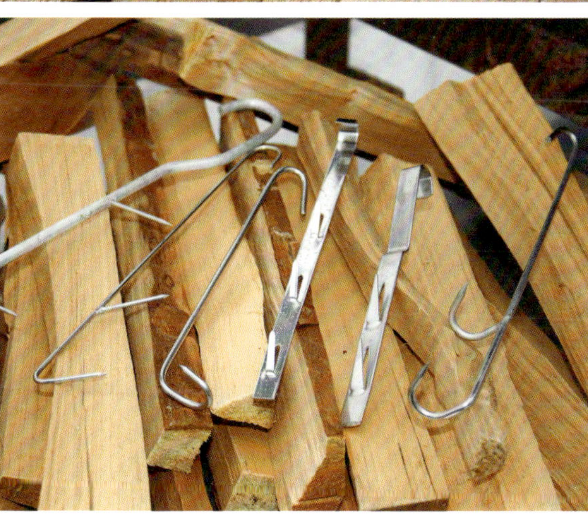

Bauanleitung für einen Räucherhaken

1

2

1 Material: Alles, was Sie für einen guten Räucherhaken brauchen, sind eine Kneifzange, eine stabile Flachrundzange, eine Metallfeile und etwas Edelstahldraht (V4A) mit einem Durchmesser von zwei Millimetern. Den Draht bekommt man im Bastelladen, alternativ geht es auch mit Schweißdraht. Mehr als zwei Millimeter Durchmesser sollte der Draht nicht haben, denn mit zunehmender Drahtstärke muss auch mehr Kraft beim Biegen aufgebracht werden und das birgt ohne entsprechendes Spezialwerkzeug eine unnötige Verletzungsgefahr.

2 Zunächst mit der Kneifzange ein ca. 20–25 Zentimeter langes Stück Draht abzwicken. Im Schraubstock eingespannt, lassen sich beide Enden mit einer Metallfeile leicht entgraten. Mit einem Schleifstein geht es noch besser.

3 Das eine Ende wird nun für die Befestigung im Ofen zu einem passenden Haken gebogen.

4 Nun wird vom anderen Ende ein ca. sechs Zentimeter langes Stück im rechten Winkel abgebogen. Damit die Fische später auch schön gleichmäßig im Ofen hängen, sollte der Winkel der beiden Enden zueinander 45 Grad haben. Keine Panik, wenn es anfangs mit dem richtigen Winkel nicht direkt klappt. Mit zwei Zangen kann der Haken hinterher immer noch ganz einfach »nachjustiert« werden.

5 Im letzten Arbeitsschritt wird mit der Zange die halboffene Öse in Form einer gleichmäßigen 180-Grad-Kurve gebogen. Der Innendurchmesser sollte circa 15 Millimeter betragen.

6 Fertig ist der selbst gebaute Räucherhaken.

3

4

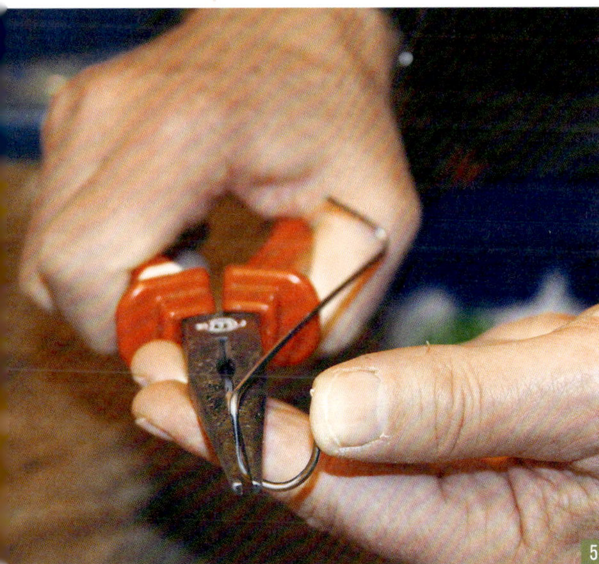
5

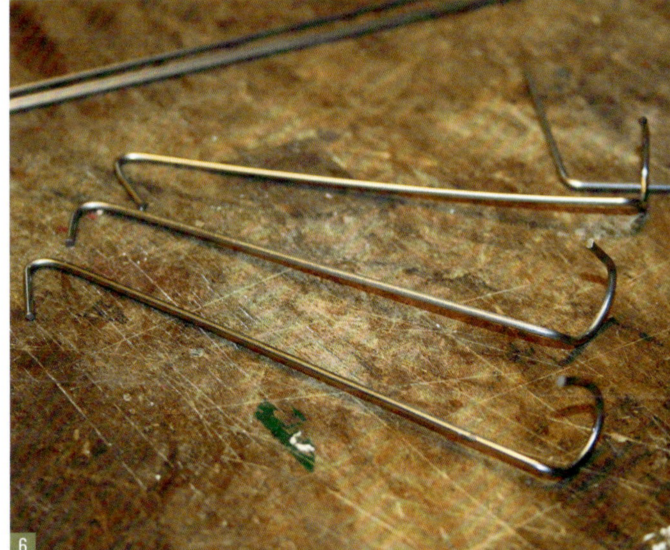
6

Achtung Schwergewichte!

Fische jenseits der 400-Gramm-Marke brauchen etwas mehr Beachtung bezüglich der Befestigung als ihre leichteren Kollegen. Wer auch für schwerere Kaliber gerüstet sein möchte, muss darauf achten, dass der Haken an mindestens zwei Punkten, besser sind drei, direkt neben der Wirbelsäule fixiert werden kann.

UNTEN: Die Hakengröße muss passen. Kleine Fische – kleine Haken, große Fische – große Haken.

RECHTS: Alles richtig gemacht. Dieser dreipfündige Lachs hielt sicher am Haken und kommt perfekt aus dem Rauch.

Für diesen Zweck gibt es entsprechend große Haken im Handel, aber der Fantasie sind auch hierbei natürlich keine Grenzen gesetzt.

So kann man beispielsweise zwei Haken verwenden, die parallel links und rechts neben der Wirbelsäule eingesteckt werden.

Aus manchen Hakentypen lassen sich auch ganz einfach Ketten bilden, die selbst drei Kilogramm schwere Lachsbrocken sicher halten.

Grundsätzlich sollten Sie bei der Befestigung von größeren Fischen immer recht sorgsam arbeiten. Lieber etwas zu viel des Guten als zu wenig, denn ein abgestürzter »Großer« tut doppelt weh!

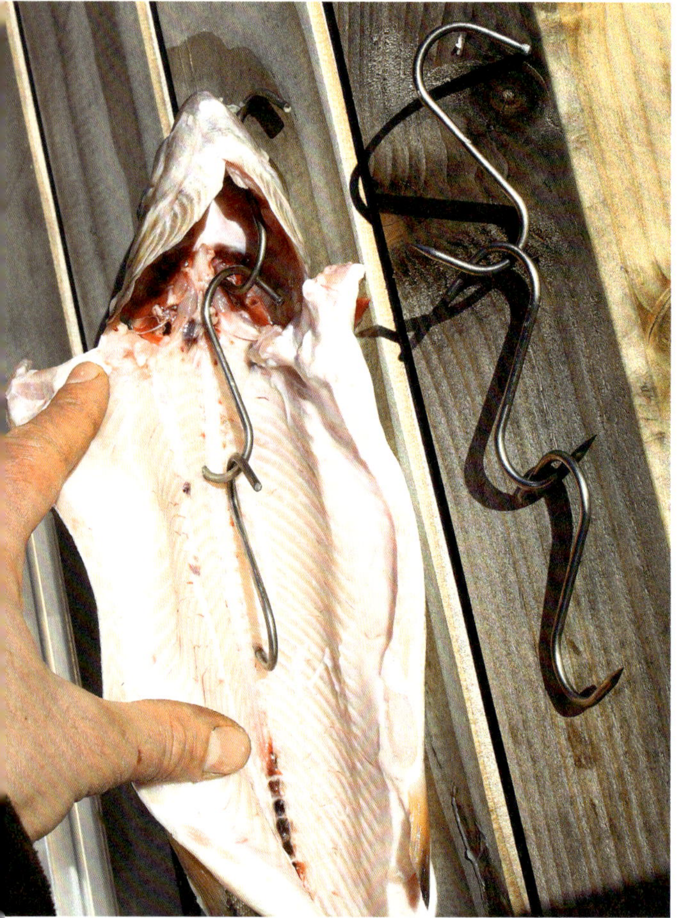

Effektive Stangen

Größere Betriebe, die auf Effektivität ihrer Arbeitsschritte setzen, verwenden zum Räuchern ihrer Fische Stahlstäbe, auf welche die Fische hintereinander geschoben werden. Zwei dieser sogenannten Spittstangen werden unterhalb der Fischköpfe links und rechts direkt neben der Wirbelsäule durch die Fische geschoben. So in der Reihe befestigt, kann man mit einem Handgriff leicht ein Dutzend Fisch auf einmal einhängen und zudem den Raum des Ofens optimal nutzen, da die Stangen sich in den dafür vorgesehenen Halteblechen ganz leicht verschieben lassen. Wichtig ist hierbei die Stabilität der Stäbe. Ihr Durchmesser sollte je nach Ofenbreite so gewählt werden, dass sie sich nicht durchbiegen und abstürzen können.

Ein weiterer gerade in der Hobbyräucherei von Aalen nicht zu unterschätzender Pluspunkt von Spittstangen ist auch die optimale Nutzung des Raumes nach oben hin: Ein direkt auf Stangen geschobener Aal hängt bis zu zehn Zentimeter höher als ein Aal, der auf einem Räucherhaken befestigt in eine Stange des Ofens eingehängt wird. Je nach Ofengröße können diese zehn Zentimeter höher oder tiefer beim Räuchern von größeren Aalen sehr erfolgsentscheidend sein.

Dann wäre da noch die einfache Reinigung. Während man bei einigen Räucherhakenmodellen getrocknete Fischreste regelrecht aus einigen Ritzen pulen muss, zieht man die runden Edelstahlstangen nach dem Räuchergang einfach

OBEN: Als Kette halten diese drei S-Haken den Fisch an drei Punkten sicher fest. Ein einzelner Haken wäre ganz bestimmt zu wenig.

UNTEN: Vielräucherer nutzen gerne die Vorteile von sogenannten Spittstangen.

unter warmem Wasser durch einen Edelstahlschwamm mit Spülmittel.

Festgebunden

Wer generell auf das Spülen von Räucherhaken verzichten möchte, bindet seine Fische einfach fest. Hierfür eignen sich am besten zwei Millimeter dicke Schnüre aus Naturfasern wie Baumwolle oder Hanf. Aale und Quappen bekommen bei dieser rustikalen Methode eine doppelte Schlinge um den Nackenbereich gelegt, alle anderen Fische werden mit dem Kopf nach unten aufgehängt – die Schwanzwurzel gibt in diesen Fällen den sichersten Halt.

Doch Vorsicht, gerade bei etwas schwereren Fischen besteht schnell die Gefahr, dass die tragende Fischhaut einreißt und der komplette Fisch aus der Schlinge flutscht.

Thermometer

Damit wir stets über die aktuelle Temperatur in der Räucherkammer informiert sind, ist die Anschaffung eines Thermometers ein unbedingtes Muss. Manche Öfen sind serienmäßig mit diesem wichtigen Hilfsmittel ausgestattet. Mittels einer Bohrmaschine lässt sich aber jeder Ofen ruck, zuck mit einem solchen Gerät nachrüsten. Idealerweise sollte es auf der Höhe der Fische im Ofen angebracht sein. Ob nun ein digitales Spielgerät mit diversen Zusatzfunktionen oder ein ganz einfaches analoges Modell zum Einsatz kommt, ist natürlich Ihnen und Ihren persönlichen Vorlieben überlassen.

OBEN: Festgebunden! Auch so lassen sich Fische prima im Ofen aufhängen.

UNTEN: Ein Thermometer leistet gute Dienste. Viel heißer darf es jetzt jedoch nicht mehr werden, ansonsten besteht akute »Absturzgefahr«!

Selbst gebaut schmeckt besser!

Was schmeckt besser als selbst geräucherter Fisch? Ganz klar, selbst geräucherter Fisch aus dem selbst gebauten Ofen!

Wenn ich mich in meinem räuchernden Bekanntenkreis umschaue, finde ich dort kaum Öfen von der Stange. Irgendwie scheint sich jeder nach einer gewissen Zeit für sein eigenes »Ding« zu entscheiden. Dieses wird dann in Eigenregie oder mithilfe eines Maurers und/oder Schlossers realisiert.

Meiner Meinung nach ist dieses Phänomen nicht darauf zurückzuführen, dass der Handel keine guten Öfen anbietet, sondern ganz einfach darauf, dass das Räucherhandwerk der Fantasie absolut keine Grenzen setzt und sich auf diesem Gebiet wirklich jeder nach seinen Wünschen mit verhältnismäßig geringem finanziellem Aufwand selbst verwirklichen kann. Ich möchte Ihnen eine Handvoll praxiserprobter Öfen kurz vorstellen.

Der Spontanofen

Mit dieser unkomplizierten Räuchertonne werden Sie binnen einer halben Stunde die Blicke auf dem Campingplatz garantiert auf sich ziehen. Sie eignet sich prima zum Räuchern von Makrelen und Portionsforellen und ist mit wenigen Handgriffen sogar im Urlaub schnell gebastelt. Dazu benötigen Sie:

- einen größeren Blecheimer, am besten mit Deckel,
- ein paar Metallstäbe mit um die drei Millimeter Durchmesser,

OBEN: Auf diesem Foto lässt sich das indirekte System gut erkennen.

UNTEN: So vorbereitet, ist der Spontanofen bereit für seinen Einsatz.

- eine Alu-Grillschale,
- eine Bohrmaschine und
- eine Eisensäge.

Wichtig: Achten Sie bitte unbedingt darauf, dass in der zukünftigen Räuchertonne keine giftigen Stoffe gelagert wurden!

So geht's

Ein paar Zentimeter unter dem Deckel werden vier Löcher zur Aufnahme der Stangen gebohrt, in welche die Fische eingehängt werden. Damit später nichts ins Sägemehl tropft, kommen noch zwei weitere Stangen eine Handbreit über dem Ofenboden dazu. Hierauf wird als improvisiertes Tropfblech die Aluschale platziert. Fertig!

Es handelt sich bei diesem Spontanofen um ein indirektes System. Das Feuer unter der Tonne bringt den Ofen auf Temperatur. Im Ofeninneren sorgen ein paar Handvoll Sägemehl für den Rauch, der die Fische letztendlich vergoldet.

Die Luxusklasse: der Edelstahlschrank

Mein Räucherkollege Eddie hat sich zum Räuchern einen Edelstahlschrank bauen lassen. Aufgrund des hochwertigen Materials steht dieser Ofen seit Jahren bei Wind und Wetter im Garten, ohne zu rosten.

Das Funktionsprinzip ist schnell erklärt: Die Fische werden zuerst über einem Buchenfeuer gegart. Erst dann kommt der Rauch ins Spiel, indem die Luftzufuhr von unten stark gedrosselt wird, sodass das Feuer nur noch schwelen kann.

RECHTS: Die Luxusvariante unter den Räucheröfen ist ein Schrank aus Edelstahl. Dieser ist aufgrund des hochwertigen Materials absolut rostfrei und kann problemlos bei Wind und Wetter im Garten stehen.

Josefs Kombi-Ofen

Wer einmal das Grundprinzip der Räucherei verstanden hat, braucht sich nicht zwangsläufig an bestehende Empfehlungen und Rezepte zu halten.

Der Räucherofen von Angelkollege Josef verdient diesbezüglich besondere Beachtung! Er ist ein sehr gutes Beispiel dafür, dass beim Räuchern sehr viel Spielraum für eigene Ideen vorhanden ist. In seinen aktiven Schlosserzeiten hat sich Josef diesen recht raffinierten Ofen zusammengebaut, der die jeweiligen Vorteile zweier unterschiedlicher Räuchermethoden optimal ausnutzt. Die geniale Fusion aus Gas- und Holzofen funktioniert folgendermaßen:

Die Fische werden zunächst mithilfe einer gut regelbaren Gasflamme bei 90 °C gegart. Josef stellt dazu einfach den eigens angefertigten Brenner unter den Ofen und schon kann es losgehen. Das müßige Anfeuern und Temperieren des klassischen Holzofens entfällt. Während die Fische garen, zündet er im hauseigenen Kamin ein feines Buchenfeuer. Sobald die Garphase beendet ist, zieht er den Brenner unter dem Ofen hervor und tauscht ihn gegen eine Metallschublade mit der Glut aus dem Kamin. Die Buchenglut wird mit einer ordentlichen Portion Räuchermehl bedeckt und qualmt sofort vor sich hin. Auf diese Weise entsteht bester Rauch und die Fische hängen in der Räucherphase über einer »richtigen« Räucherglut, die man in dieser Qualität nur mit einem Holzofen erreichen kann. Dieser geniale Ofen ist schon seit über dreißig Jahren in Betrieb!

OBEN: Bei diesem Ofen werden zwei unterschiedliche Räuchermethoden geschickt kombiniert, nämlich das Gas- und Holzräuchern.

UNTEN: Räucherer sind Bastler! An welchem Fabrikofen findet man schon einen solch stilvollen Rauchabzug?

Mein Lieblingsofen

Inspiriert wurde ich zu diesem Ofen von einem Auto, dem Defender von Land Rover. Die Aluminiumkarosserie dieses unverwüstlichen Klassikers wird seit eh und je mit Nieten und Schrauben ganz einfach auf einen Stahlrahmen gebaut.

Ähnlich verhält es sich bei diesem Ofen. Der Feuerkasten sowie der Rahmen sind aus einfachem Blech geschweißt. Die »Karosserie« besteht aus Aluminium – einfach und gut! Er ist so dimensioniert, dass er ganz bequem mit klein gehacktem 33 Zentimeter langen »Standard-Kaminholz« betrieben werden kann. Der Ofen fasst locker 30 Forellen und bietet auch nach unten hin Platz für 80 Zentimeter lange Aale. Aufgrund des Materials ist der Ofen problemlos von einer Person zu transportieren.

Wer einen absolut rostfreien Ofen sein Eigen nennen möchte, verbaut für den Rahmen und die Feuerlade Edelstahlteile anstatt des einfachen Stahlblechs. Mit dem edlen Material steigt allerdings auch der Kostenfaktor in die Höhe. Wie bereits gesagt: Mein Ofen hat einen ganz einfachen Stahlrahmen und ist jetzt sechs Jahre alt. Wenn er nicht im Einsatz ist, lagere ich ihn im Schuppen. Der Rahmen rostet natürlich. Bis dieser aber »durch« ist, wird der Ofen garantiert noch etliche Räuchergänge und Jahre eine gute Figur machen.

Mit der Materialliste auf Seite 42 sollte jeder Hobbyschlosser zurechtkommen:

OBEN: Genau wie beim Geländewagenklassiker Land Rover Defender sind bei diesem Ofen ganz einfach Aluminiumbleche auf einen Stahlrahmen genietet.

UNTEN: Der Ofen fasst locker 30 Forellen und bietet auch nach unten hin Platz für 80 Zentimeter lange Aale.

Materialliste

Um den Ofen von Seite 41 selbst nachzubauen, benötigen Sie folgendes Zubehör:

Bleche für den Rahmen (2 mm dick)
4 Stück 70 × 1100 mm (a)
4 Stück 70 × 350 mm (b)
2 Stück 70 × 500 mm (c)
Diese zehn Bleche werden längs-mittig gekantet. So entstehen 90-Grad-Winkel von 35 × 35 mm.

Aluminiumplatten für die Beplankung (2 mm dick)
2 Stück 500 × 1010 mm für die Seitenteile
1 Stück 345 × 1010 mm für die Rückseite
1 Stück 345 × 790 mm für die Front
1 Stück 350 × 520 mm für den Deckel; diese an der kürzeren Seite 20 mm abkanten)

Aluminiumplatten für die Griffe (3 mm dick)
3 Stück 30 × 320 mm
Diese Alustreifen werden so gekantet, dass Griffe mit dem Maß 50 × 50 × 120 × 50 × 50 entstehen.

Bleche für das Aschenschoss (3 mm dick)
2 Stück 170 × 490 mm für die Seitenteile
1 Stück 220 × 350 mm für die Front
1 Stück 310 × 490 mm für den Boden
1 Stück 170 × 310 mm für das Rückenteil
1 Stück 30 × 320 mm für den Griff; dieser wird genauso gekantet wie die Alugriffe.

A = 35 × 35 × 1110 mm
B = 35 × 35 × 350 mm
C = 35 × 35 × 500 mm
D = 35 × 85 × 500 mm

Bleche für die Fußplatten (3 mm dick)
4 Stück 60 × 60 mm

Tropfblech (2 oder 3 mm dick)
1 Stück 280 × 480 mm
1 Flacheisen mit Griff; dieses wird mittig auf das Tropfblech geschweißt, damit man es besser in den Ofen einsetzen kann.

4 Stück 70 × 100 mm für die Auflagen
Diese Bleche werden gekantet auf 35 × 35 mm.

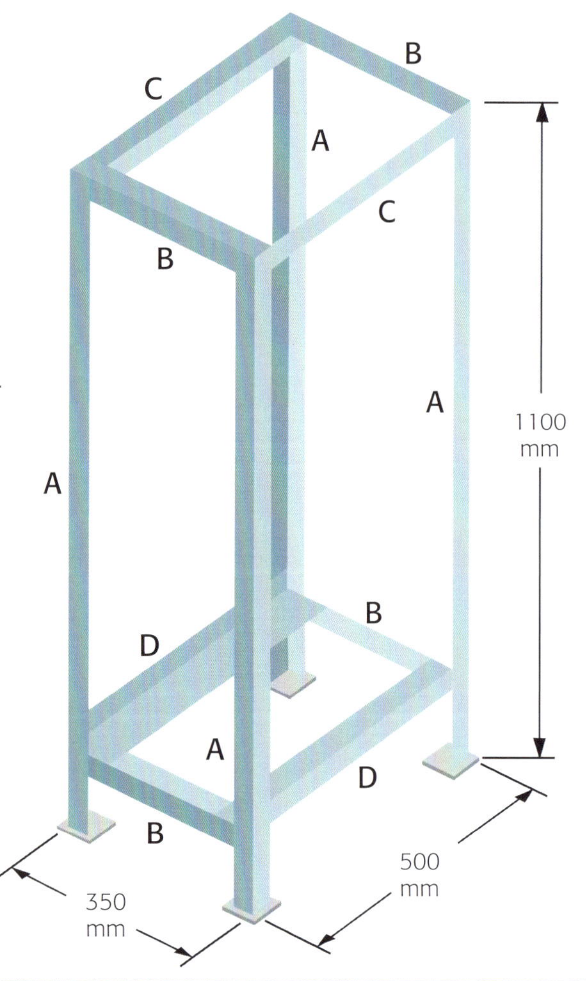

Bauanleitung für einen Steinofen

Um in der Steinofenliga mitspielen zu können, bedarf es keiner Maurerlehre. Wer ein passendes Plätzchen im Garten, etwas handwerkliches Geschick und grünes Licht seitens seiner »besseren Hälfte« hat, sollte sich durchaus Gedanken über einen gemauerten Ofen machen. Angelkollege Dirk Eilers hat sich mit recht überschaubarem Aufwand einen soliden Räucherofen aus Ziegeln und Pflanzsteinen selbst gebaut. Da man sich beim Bau an die Abmessungen der jeweiligen Pflanzsteine halten muss, verzichte ich absichtlich auf genaue Maßangaben, da diese von Stein zu Stein variieren können.

Material:

- 30 cm × 30 cm Gehwegplatten, 6 Stück
- 40 cm × 60 cm Pflanzsteine, 8 Stück

Aus jedem Stein wurde eine Längsseite herausgeschnitten.

- Ca. 40 Ziegelsteine
- 1 Sack feuerfester Zement für den Ofenbau
- Etwas Eisendraht zur Verstärkung der Fugen
- Aluminiumfolie als Dichtung für die Abdeckung
- 1 Räucherthermometer
- 5 Liter Fassadenfarbe

Die Feuerlade aus einfachem Blech und die Abdeckung aus Edelstahl wurden in einer Schlosserei angefertigt.

1

Für den Boden des Ofens wurden die Gehwegplatten in eine Betonmischung auf ein bereits vorhandenes Fundament gelegt.
Achtung: Wer einen Ofen auf seine Wiese bauen möchte, muss auf jeden Fall an ein ordentliches Fundament samt Frostschutz denken!

2

Aus Stabilitätsgründen wurde der untere Teil des Ofens aus Ziegelsteinen gemauert. Wer auf Nummer Sicher gehen will, baut als Sturz über die Feuerlade zusätzlich noch ein Blech aus Edelstahl ein.
Tipp: Am besten setzt man die Ziegelsteine so, dass sie einen kleinen Vorsprung nach innen bilden – so kann später ganz einfach ein Tropfblech eingesetzt werden.

3

Anschließend wurden die Pflanzsteine aufgesetzt. Da in diesem Fall ein recht großer Ofen entstehen sollte, verbaute Dirk pro Reihe zwei Pflanzsteine, bei denen jeweils eine Seite abgeschnitten wurde. Damit die senkrechte Fuge nicht aufreißt, wurde sie mit Eisendraht verstärkt.

4

Am fertigen Rohbau nahm Dirk kurz Maß, um in der Schlosserei des Vertrauens den Ofendeckel und die Feuerlade in Auftrag zu geben.

5

Nach zwei Tagen waren die bestellten Teile fertig. Derweil nutzte Dirk die Wartezeit für einen Anstrich. Der Deckel wurde aus Edelstahl, die Feuerlade aus einfachem Stahlblech gefertigt

6

Wichtig: Der vordere Teil des Feuerkastens sollte zu den Seiten und nach oben ein paar Zentimeter größer sein als die Ofenöffnung. Auf diese Weise lässt sich beim Räuchern effektiv die Luftzufuhr drosseln.

7 Die Feuerlade ist so dimensioniert, dass zu den Wänden ein gutes Stück Platz ist. So wird direkter Feuerkontakt vermieden und die Rissgefahr der Steine aufgrund zu hoher Hitze sinkt.

8 Sehr wichtig: Um den Sturz vor den Flammen zu schützen, wurde im vorderen Teil der Schublade ein Abstandsblech eingeschweißt.

9 Um die Option zu haben, den Deckel im Winter einlagern zu können, wurde er einfach auf den Ofen aufgesteckt. Ein Ring aus Alufolie dichtet die Verbindung von Stein und Metall wirkungsvoll ab.

Wichtig bei allen Steinöfen:

Geben Sie dem Ofen ausreichend Zeit zum Trocknen. Der gezeigte Ofen war nach drei Tagen für ein Probefeuer bereit. Allerdings sollten sich die ersten zwei, drei Inbetriebnahmen auf kleine Testfeuer beschränken. Danach steht dem Räucherspaß nichts mehr im Wege. Um unerwünschte Risse zu vermeiden, sollten die Temperaturen immer im moderaten Bereich bleiben. Da der Ofen durch seine dicken Wände gut isoliert ist, reichen drei Holzscheite, um den Ofen auf eine Gartemperatur von 100 °C zu bringen.

Gut Holz!

Wer einen Holzofen sein Eigen nennt und deshalb sowohl die Hitze zum Garen der Fische als auch den eigentlichen Rauch zum Räuchern mittels Holzverbrennung erzeugt, muss sich Gedanken über passendes Brennmaterial machen. Denn nicht jede Holzsorte eignet sich zum Räuchern.

Grundwissen Holz

Grundlegend ist folgende Tatsache: Beim Räuchern sollen so wenig Schadstoffe wie möglich an die Räucherware kommen!

Diesbezüglich sind Elektro- und Gasräucherer während der Garphase – sofern diese über ein gutes Tropfblech verfügen – fein raus.

Wer als Holzpurist auf Nummer Sicher gehen möchte, benutzt einfach einen Holzofen, der auf dem »indirekten« oder »geschlossenen« Räuchersystem beruht. Hierbei wird der Ofen von außen erhitzt und die Verbrennungsgase gelangen nicht in den Räucherraum. Daher ist es bei diesen Geräten egal, welches Holz Sie zur Temperaturerzeugung verwenden. Lediglich das Räuchermehl, das in der Räucherkammer schwelt, sollte gut ausgesucht werden. Hierzu später mehr.

Beim »direkten« oder auch »offenen« System geraten die Verbrennungsgase unmittelbar in die Räucherkammer und geben den Fischen von Anfang an ein wunderbares Holzaroma. Allerdings kommen auch eventuell entstehende Giftstoffe direkt mit dem Räuchergut in Kontakt. Aus diesem Grund sollten einige Regeln eingehalten werden.

LINKS: Erst die Arbeit, dann das Räuchervergnügen! Gutes Holz ist eine wichtige Grundlage für ein optimales Räuchererergebnis.

Trockenes Holz!

Räucherholz muss gut abgelagert sein. Im Winter gefälltes Holz trocknet schneller als im Sommer geschlagenes. Eine Faustregel besagt, dass beispielsweise Buchenholz vom Stock im Wald bis in den Ofen zwei Sommer lang gelagert werden sollte. Wer sein Holz in kleineren gespaltenen Stücken und unter optimalen Bedingungen lagert, kann bereits im Herbst des Folgejahres damit den Räucherofen beschicken. Gewissheit bringt ein Holzfeuchtemessgerät. Zeigt es eine Restfeuchte zwischen 15 und 20 Prozent an, kann es losgehen.

Wichtig bei der Lagerung: Das zu trocknende Holz darf keinen direkten Kontakt mit dem Boden haben, ansonsten besteht für die unteren Reihen im Stapel Schimmelgefahr. Optimal ist eine Lagerhöhe von 20 Zentimetern.

Zwischen Hauswand und Holzstapel sollte ebenfalls genügend Platz für eine gute Luftzirkulation sein. Dass unser Ofenholz unbedingt vor Regen, Schnee und Spritzwasser geschützt gelagert werden muss, versteht sich von selbst. Oft sehe ich in den Vorgärten Holzstapel, die mit einer Baumarktplane regelrecht eingewickelt sind. Auch wenn es vom jeweiligen »Verpacker« noch so gut gemeint ist, schadet diese Methode dem Holz eher, als dass sie hilft. Verdunstendes Wasser steigt in diesen »Zelten« nach oben, sammelt sich an der Folie, um dann wieder nach unten in das Holz abzutropfen.

Gerade im Sommer entsteht auf diese Weise ein perfektes Klima für Schimmelpilze. Ruck, zuck ist dann der wertvolle Holzstapel für den Räucherofen unbrauchbar geworden.

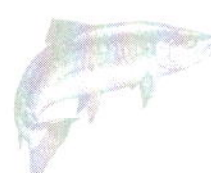

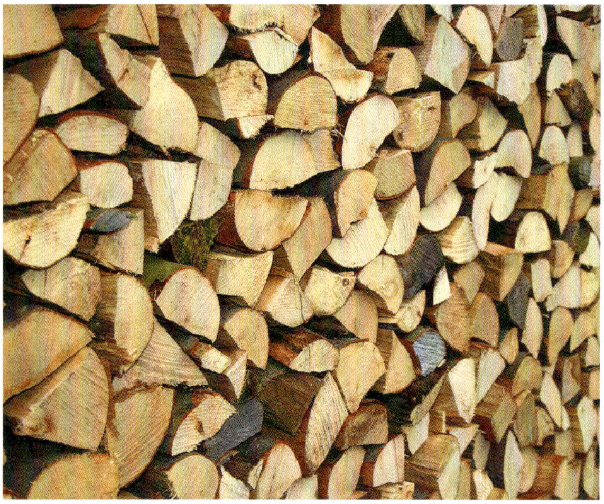

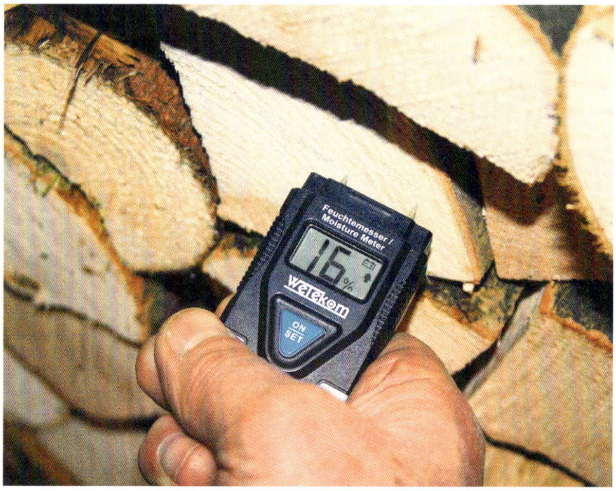
Feuchtemesser / Moisture Meter
16%
wetekom
ON SET

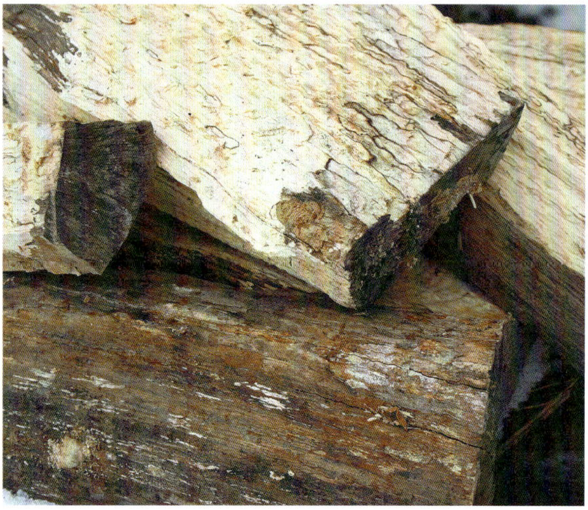

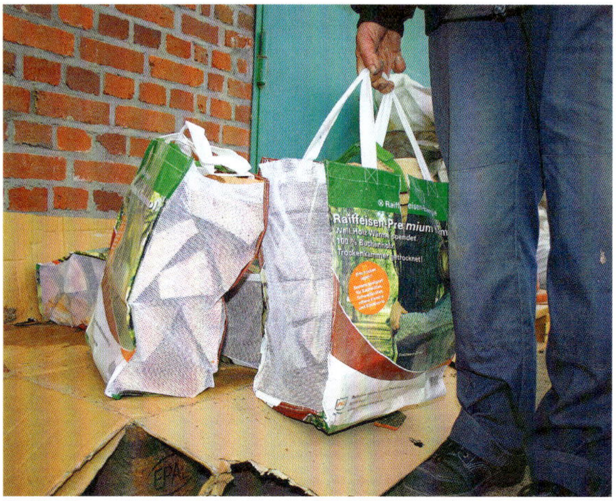

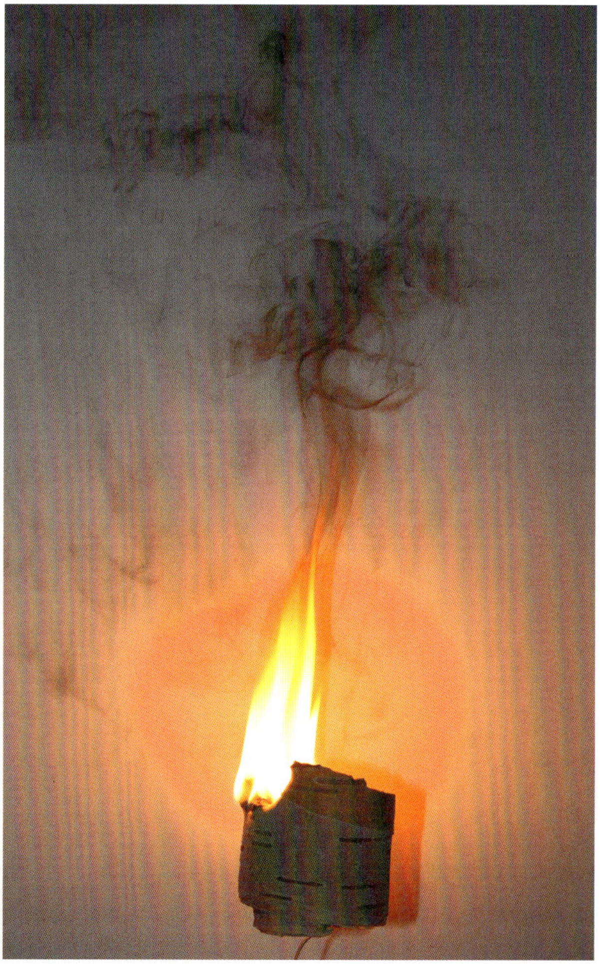

Kernholz verwenden!

Je nach Holzsorte können bei der Verbrennung der jeweiligen Rinde unerwünschte »Nebenprodukte« wie beispielsweise Gerbstoffe das Raucharoma negativ beeinflussen. Dies gilt ganz besonders für die Birke. Birkenrinde enthält recht viel Teer, das ist übrigens auch der Grund, warum dieses Material selbst bei Nässe so gut als Feueranzünder funktioniert. Allerdings ist der entstehende schwarze Qualm alles andere als gesund.

Birkenrinde gehört deshalb auf keinen Fall in das Räucherfeuer! Aber egal von welchem Baum, Rinde birgt immer die größte Rußgefahr. Deshalb ist es sinnvoll, den Rindenanteil im Feuer möglichst gering zu halten. Hierfür muss aber niemand aufwendig sein Holz schälen. Einfach mit einem scharfen Beil die Außenseiten des Scheits abhacken – dabei auf die Finger aufpassen!

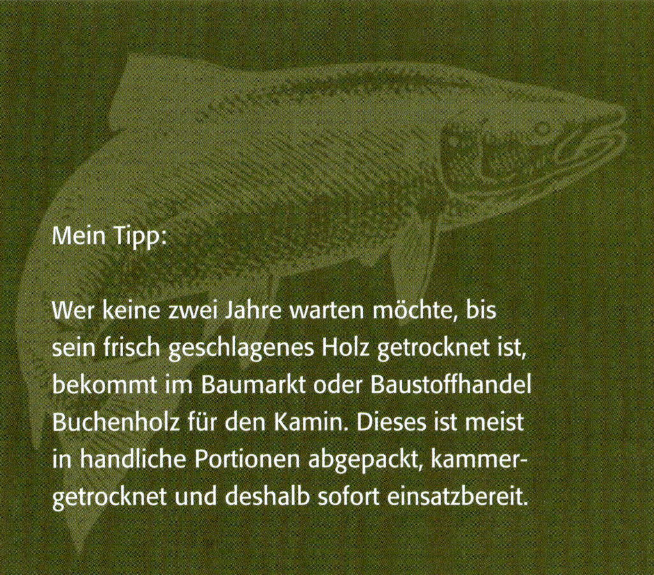

Mein Tipp:

Wer keine zwei Jahre warten möchte, bis sein frisch geschlagenes Holz getrocknet ist, bekommt im Baumarkt oder Baustoffhandel Buchenholz für den Kamin. Dieses ist meist in handliche Portionen abgepackt, kammergetrocknet und deshalb sofort einsatzbereit.

OBEN LINKS: In kleinen Scheiten gelagertes Holz erreicht bereits nach zwei Sommern den richtigen Trocknungsgrad zum Räuchern.

MITTE: Schimmelbildung durch falsche Lagerung. Diese Buchenscheite sind zum Räuchern nicht mehr geeignet.

UNTEN LINKS: Einfach und gut: Kammergetrocknetes Buchenholz aus dem Baumarkt.

OBEN RECHTS: Mit 16 Prozent Restfeuchte ist dieses Holz perfekt für den Ofen!

UNTEN RECHTS: Achtung Rußgefahr! Birkenrinde gehört auf keinen Fall in das Räucherfeuer.

RECHTS: Rinde rußt bei allen Holzsorten am meisten. Mit einem Beil lässt sie sich leicht abschlagen.

Welches Holz kommt in den Räucherofen?

Der wichtigste Baum für das Räuchern von Fischen ist ganz klar die Buche. Buchenholz brennt lange, erzeugt dabei gut Hitze und gibt ein ausgewogenes Raucharoma, das zu allen Fischsorten passt. Aus diesem Grund basieren die meisten Holzmischungen auf dieser Sorte.

Ich persönlich gehe sogar so weit und behaupte, dass viele »Spezialmischungen« einzelner erfolgreicher Räucherbetriebe ganz einfach auf reinem, qualitativ hochwertigem Buchenholz beruhen. »Seit drei Generationen räuchern wir mit einer geheimen Holzmischung«, klingt verständlicherweise besser als: »Schon unser Urgroßvater hat seine Fische über Buchenholz geräuchert«.

Direkt hinter der Buche steht auch die Erle ganz weit oben auf der Liste der beliebtesten Fischräucherhölzer. Manche Räucherspezis behaupten, dass die Fische durch den Rauch des gelben Holzes besonders goldig würden. Andere vertreten die Meinung, dass weichere Hölzer grundsätzlich das Räuchergut etwas »aufhellen« würden. Dies kann ich aus persönlicher Erfahrung aber nicht wirklich bestätigen. Viel wichtiger als eine möglichst schöne goldene Färbung ist meiner Meinung nach der Geschmack. Und unter diesem Aspekt passt das eher dezente Raucharoma der Erle zu Fischen mit einem guten Eigengeschmack – spontan fällt mir dazu gerade ein langsam gewachsener Saibling aus einem klaren Bergsee ein.

Prinzipiell eignen sich alle Laubhölzer zum Räuchern, sofern sie gut abgetrocknet und schimmelfrei sind. Bei Obstbäumen sollten sie immer möglichst harzfreie Holzstücke benutzen, denn auch bei Harz besteht akute Rußgefahr. In Norddeutschland wird bei der traditionellen Aalräucherei gerne Weidenholz genutzt. Ob hierbei nun der besondere Geschmack oder ganz einfach die Verfügbarkeit des Rohstoffes der Ursprung dieser Methode ist, bleibt Spekulation. In ostfriesischen Entwässerungsgräben wachsen nun mal nicht so viele Buchen.

In Räucherkreisen hält sich hartnäckig die Behauptung, dass die Fische durch die Verwendung von Eichenholz, das einen verhältnismäßig hohen Gerbstoffanteil hat, bitter schmecken würden. Ein Bekannter von mir hat letztes Jahr alle seine Fische ausschließlich mit von der Borke befreitem Eichenholz geräuchert. Der Grund dafür war ganz einfach: Er hatte keine andere Sorte Brennholz eingelagert. Unter uns: Ich habe keinen Unterschied zu Buchenholzfischen geschmeckt – was aber vielleicht auch an seiner recht eigenwillig gewürzten Lake gelegen haben mag, in der die Fische zuvor eine Nacht verbracht hatten. Bei Eichenholz sollte die dicke Borke aber unbedingt entfernt werden.

UNTEN: Trocken und schimmelfrei, so ist das Holz optimal für den Ofen.

RECHTS: Achtung Verwechslungsgefahr! Das Räuchern im Smoker ist eine Klasse für sich!

Welche Größe?

Welche Größe die Holzscheite haben müssen, entscheiden letztendlich die Ofengröße und die Isolation der Räucherkammer. Grundsätzlich gilt: Mit dicken Scheiten erreiche ich eine intensivere und langanhaltende Glut. Dünne Stücke haben bezüglich ihres Volumens eine größere Oberfläche und brennen deshalb schneller. Mit kleinen Stücken lässt sich schnell »nachheizen« und für den Räuchergang sehr gut Rauch erzeugen. Mein Räucherholz hacke ich mir in der Regel auf Kantenlängen zwischen einem und sechs Zentimetern zurecht. Dann staple ich es in einen atmungsaktiven Karton und lagere es im trockenen Keller ein.

Achtung Verwechslungsgefahr!

Lassen Sie sich nicht irritieren, wenn Sie bei der Räucherholzsuche im Internet auf exotische Sorten wie Hickory oder Aprikose stoßen. Hackschnitzel heißen dann »Chips« und grobe Stücke »Chunks«. Sie werden auch Anleitungen für das richtige Anfeuchten des Räucherholzes finden. Auf diesen Räucherseiten geht es um das Räuchern bzw. Smoken im Barbeçue-Bereich in extra dafür vorgesehenen Öfen. Diese spezielle Räuchermethode hat mit dem klassischen Heißräuchern von Fischen bis auf den Rauch nicht viel zu tun. Diese Tipps zu übernehmen wäre so, als würden Sie einen Fußball auf ein Eishockeyfeld rollen.

Räuchermehl

Welches Zubehör brauche ich überhaupt zum Räuchern? Wer diese Frage einmal in die Runde wirft, bekommt neben dem Räucherofen meist noch eine zweite Antwort: Räuchermehl! Wie viel man davon oder ob man es überhaupt benötigt, ist eine Frage des jeweiligen Ofensystems. Bei indirekten Systemen wird in jedem Fall Räuchermehl benötigt.

Räuchermehl ist nichts anderes als Sägemehl. Es wird ausschließlich zur Rauchgewinnung eingesetzt, da es aufgrund

OBEN: Eichenholz eignet sich ebenfalls zum Räuchern. Aufgrund des hohen Gerbstoffanteils sollte die Borke jedoch weg.

UNTEN: Erlenholz gibt ein »dezentes« Raucharoma.

der sehr feinen Körnung eine große Oberfläche besitzt und bei verhältnismäßig geringer Temperatur gleichmäßig schwelt. So entsteht zuverlässig der gewünschte aromatische Rauch.

Die Frage nach der Holzsorte ist auch hier schnell beantwortet. Die Basis ist eigentlich immer Buchenholz. Diesem werden dann oft Erle oder auch verschiedene Obsthölzer beigemischt. Anfängern empfehle ich auf alle Fälle erst einmal mit Buche »pur« zu starten, um ein gewisses Grundgefühl zu schulen. Wie will man ansonsten auch herausfinden, auf welche Weise sich die Beimischung von anderen Holzsorten geschmacklich auswirkt?

Trocken muss es sein!

Was für das Räucherholz gilt, gilt noch mehr für das Sägemehl: Es muss trocken sein und darüber hinaus auch perfekt gelagert werden! Der Grund für den peniblen Umgang mit dem Räuchermehl ist die meist luftdichte Verpackung, durch die das Material nicht »atmen« kann. Wenn ein gut gelüfteter Holzstapel kurz nass wird, trocknet er schnell wieder. Feuchtes Sägemehl in einer Tüte beginnt aber schnell zu modern.

Anderes Beispiel: So mancher Plastiksack, gefüllt mit qualitativ hochwertigem Sägemehl, wird für das nächste Jahr im feuchten Keller eingelagert. Hier saugt es sich über die Zeit regelrecht mit Feuchtigkeit voll und das muffige Mehl landet später in der Räucherkammer. Niemand will aber glimmende Schimmelpilzsporen unter seinen Fischen haben.

Wer sich unsicher ist, ob das vorhandene Mehl noch zu verwenden ist, kann einen einfachen Test durchführen. Einfach mit beiden Händen tief in den Sack oder Karton greifen und dann die Nase hineinstecken und ohne das Mehl einzuatmen daran schnuppern. Riecht das Sägemehl angenehm holzig, ist alles in Ordnung. Muffiges Sägemehl gehört jedoch sofort ausgetauscht!

Grundwissen Räuchermehl

Es gibt verschiedene Möglichkeiten, an Sägemehl zu kommen. Manche kaufen es im Angelladen, andere fragen in der Schreinerei oder bekommen es von ihrem Nachbarn, der gerade sein Brennholz geschnitten hat. Egal, woher Sie das Sägemehl beziehen, an die folgenden Punkte sollten Sie dabei denken:

1. Das Produkt muss »rein« sein, darf also keine Beimischungen von beispielsweise Spanplatten oder ungewünschten Nadelholzsorten haben.

2. Es muss mit einer Kreissäge geschnitten sein! Kettensägenspäne enthalten Ölspuren, die nicht in die Räucherkammer gehören!

RECHTS: Hier wird mit einem Wacholderzweig das Buchenmehl etwas »aufgepeppt«.

3. Der Rindenanteil sollte möglichst gering ausfallen. Da die Buche von Haus aus eine verhältnismäßig dünne Rinde hat, spricht aber nichts gegen das Sägemehl vom brennholzsägenden Nachbarn, sofern er mit einer Kreissäge arbeitet.

4. Unbedingt trocken lagern!

Wie viel Räuchermehl brauche ich?

Wenn Sie mit einem mittelgroßen Gas- oder Elektroofen räuchern möchten, werden Sie mit zwei Kilogramm Sägemehl für die ersten paar Räuchergänge bequem hinkommen.

Legen Sie sich zu Beginn mengenmäßig besser nicht zu große Vorräte zu. Beim Räuchermehl verhält es sich genauso wie mit Brennholz: Zu lange Lagerzeiten schaden der Qualität. Kaufen Sie lieber einmal im Jahr für etwas mehr Geld eine »frische« Portion als für einen verhältnismäßig günstigen Preis direkt einen Fünfjahresvorrat. Der »Nasentest« wird nach ein paar Jahren Einlagerung diese Behauptung ganz sicher untermauern.

Eine Ausnahme ist das Kalträuchern. Hierbei wird das Sägemehl in größeren Mengen benötigt, denn es gehen schnell ein paar Eimer Räuchermehl durch den Ofen (siehe Kapitel 3 »Kalte Küche«). Vergleichen Sie unbedingt die Preise. Für einen großen Sack gutes Buchensägemehl sollten Sie nicht mehr als 50–80 Cent pro Liter ausgeben. Eine kleine Internetrecherche lohnt sich in diesem Fall ganz bestimmt.

LINKS: Räuchermehl muss »holzig-frisch« riechen!

RECHTS: Sägespäne von Kettensägearbeiten sind wegen Kettenölrückständen nicht zum Räuchern geeignet.

Räucherzugaben

Die Liste möglicher Glutbeigaben ist lang. Lorbeerblätter und Wacholderbeeren kennen die meisten. Haben Sie es aber schon einmal mit Kiefernzapfen oder Walnussschalen probiert? Eine Prise »Kräuter der Provence«, ein frischer Thymianzweig oder Weidenblätter? Die Geschmäcker sind bekanntlich verschieden und deshalb sind auch der Fantasie und Experimentierfreudigkeit keine Grenzen gesetzt.

Natürlich sollten Sie beim Verbrennen des jeweiligen »Extras« darauf achten, dass kein Ruß entsteht, den Sie leicht am schwarzen Rauch erkennen können.

Bevor Sie aber nun in Druidenmanier beginnen, mit einer goldenen Sichel bewaffnet, den Wald nach geheimen Zutaten für Ihr Räucherfeuer abzusuchen oder Nachbars liebevoll gehegtes Kräuterbeet zu plündern, gebe ich zu bedenken: alleine bei der Verbrennung von Holz, sei es als Sägemehl oder in ganzen Scheiten, werden bereits sehr viele Aromastoffe und Verbindungen diverser Substanzen gebildet, die letztendlich den ursprünglichen und einzigartigen Rauchgeschmack ausmachen.

Es liegt jedoch in der Natur vieler Räuchermänner, Dinge immer wieder verbessern zu wollen und gerade das Kapitel »Zusatzstoffe« im Räucherfeuer hat einen recht hohen Aufforderungscharakter für gutgemeinte »Optimierungen«.

Wer hier zusätzlich »Gutes« tun möchte, sollte dies, wenn überhaupt, vorsichtig machen und sich langsam geschmacklich herantasten – im Räucherfeuer verderben zu viele Zutaten schnell den Rauch! Denn durch die übermäßige Zugabe verschiedener Extras besteht leicht die Gefahr, das von Natur aus perfekt kreierte Holzaroma so zu »verschlimmbessern«, dass das Ergebnis mehr sauer als würzig riecht und schmeckt.

Es ist Ihnen vielleicht schon aufgefallen: Ich bin ganz klar ein Holzpurist und räuchere fast ausschließlich mit reinem Buchen- oder Erlenholz. Ab und an findet auch mal ein Wacholderzweig den Weg in die Glut – dieser zählt für mich aber noch zum »Holz«!

LINKS: Klassiker für die Räucherglut: Lorbeer und Wacholder.

OBEN LINKS: Weniger ist meist mehr. Übertreiben Sie es nicht mit den Räucherzugaben. Einzelne Ästchen genügen.

OBEN RECHTS: Aufgepeppt mit ein paar Lorbeerblättern, erhält Ihr Räucherfisch eine ganz besondere Note.

UNTEN RECHTS: Auch Zapfen, hier Kiefernzapfen, eignen sich als Räucherbeigaben.

Die Hauptdarsteller sind die Fische

Die Kunst, qualitativ hochwertigen Räucherfisch herzustellen, beruht auf der Aneinanderkettung optimal organisierter Einzelschritte und beginnt im Idealfall schon, bevor Sie überhaupt einen Fisch in den Händen halten.

Fisch ist gesund!

Fisch schmeckt gut und ist gesund! Die positive ernährungswissenschaftliche Bedeutung von Fischprodukten hat sich längst herumgesprochen. Pro Person verzehren wir in Deutschland jedes Jahr um die 15 Kilogramm, Tendenz steigend. Knapp zehn Prozent davon sind geräucherte Fischwaren, genauso viel wie Frischfisch. Am häufigsten kommt Tiefkühlfisch (30 Prozent) auf unsere Esstische, direkt gefolgt von Konserven und Marinaden (25 Prozent). *(www.fischinfo.de)*

Ein kurzer Blick auf die Inhaltsstoffe von Fisch zeigt nur Gutes: Fischfleisch enthält im Vergleich zu Rindersteak, Schweineschnitzel und Hähnchen einen sehr geringen Anteil an Bindegewebe und ist reich an verdauungsfördernden Enzymen. Fisch kann deshalb vom Körper sehr leicht weiterverarbeitet werden und wird darum gerne als »Schonkost« und bei der Unterstützung von Diäten eingesetzt.

Der hohe Anteil der guten Enzyme ist übrigens dafür verantwortlich, dass Fisch im Vergleich zu Fleisch von Warmblütern recht schnell verdirbt. Aus diesem Grund muss gerade bei rohen Fischprodukten unbedingt auf eine entsprechende Lagerung geachtet werden – hierzu später mehr.

LINKS: Fisch ist gesund, leicht verdaulich und macht glücklich!

Fisch ist das einzige Lebensmittel, das alle acht essenziellen Aminosäuren enthält. Jene eiweißbildenden Säuren, die unser Körper nicht selbst bilden kann und die deshalb über die Nahrung aufgenommen werden müssen. Darüber hinaus versorgt sich der Fischliebhaber mit jeder Menge wertvollen Nährstoffen. Ein paar Beispiele gefällig?

Das Fett vieler Seefische, wie etwa von Makrelen und Lachsen, enthält zu sehr großen Anteilen wertvolle Omega-3-Fettsäuren. Diese funktionieren beim Verzehr nicht nur wunderbar als Geschmacksträger, sondern halten darüber hinaus das Herz-Kreislauf-System geschmeidig auf Trab. Fischfett steht in puncto Gesundheit den Pflanzenfetten also in nichts nach, was man von Schweinefleisch nicht behaupten kann.

Ist Ihnen schon einmal aufgefallen, dass Angler und Fischer recht fröhliche und entspannte Zeitgenossen sind? Ein Grund dafür könnte DHA (Docosahexaensäure) sein. Diese Omega-3-Fettsäure findet sich fast ausschließlich in (Meeres-)Fischen. Sie kurbelt die Produktion von Serotonin an, ein Glückshormon, das gerne in der Therapie eingesetzt wird. Außerdem schützt uns das breite Spektrum von B-Vitaminen, vor allem B_1, B_2, B_6 und B_{12} vor Nervosität, Konzentrationsschwäche, Lustlosigkeit und sorgt für gute Laune. Vitamin D stärkt die Knochen und fördert unsere Beweglichkeit.

Jod und Selen sind essenzielle Spurenelemente, die dem Körper zugeführt werden müssen. Selen schützt den Körper unter anderem vor Umweltgiften. Jod ist der Grundstein für eine gut funktionierende Schilddrüse, die einen wichtigen Einfluss auf die Entwicklung des Gehirns und des Körpers hat. Allein 200 Gramm Hering decken bereits den täglichen Bedarf. *(www.fischinfo.de)*

Woher nehmen?

In Anbetracht diverser Lebensmittelskandale der letzten Zeit sind wir Verbraucher zu Recht verunsichert. Erfreulicherweise tragen die Aspekte Nachhaltigkeit, tierschutzgerechte Haltung sowie umweltverträgliche Erzeugung immer mehr zur Kaufentscheidung bei. Die Nachfrage für ökologische Lebensmittel steigt.

Woher kann ich nun meine Fische mit gutem Gewissen beziehen? Glück hat, wer Angler ist oder einen kennt!

Ob Fluss, Talsperre oder das weite Meer, als Angler haben Sie die Möglichkeit, wirklich frische Fische zu fangen. Fische, die ohne Medikamentenzugabe in freier Wildbahn groß geworden sind und von ihrer CO_2 und Energiebilanz kaum zu toppen sind – Bioqualität vom Feinsten.

Außerdem ist Angeln eine recht faire Sache, denn der Angler muss sich seine Fische erarbeiten, er zerstört mit seinen Fangmethoden nicht den Meeresgrund, in seinen Netzen verenden keine zufällig verhedderten

Wasserbewohner wie Schildkröten oder Wale. Außerdem hatte jeder gefangene Fisch eine reelle Chance, eben nicht im Räucherofen zu landen. Und wer es schon einmal versucht hat, wird mir ganz gewiss bestätigen, dass selbst gefangener Fisch so oder so immer am besten schmeckt!

Wenn ich nicht selbst meine Angelrute schwinge, beziehe ich meine Räucherforellen vom Hobbyfischzüchter um die Ecke. Durch dessen Teiche fließt ein Bach mit nachweislich guter Wasserqualität. Die Fische haben dort zwei Jahre lang Zeit, auf ordentliche Portionsgröße heranzuwachsen, und auch das Verhältnis der Fischmenge zur Gewässergröße passt. Täglich werden hier die Forellen mit geprüftem Futter aus deutscher Produktion gefüttert.

Überwiegend Topqualität in Deutschland

Was unsere Räucherforellen betrifft, können wir uns übrigens weitestgehend auf inländische Produkte verlassen: In den Jahren 2004–2007 untersuchte die Abteilung für Fischereiökologie des Johann Heinrich von Thünen-Instituts in Zusammenarbeit mit dem Max Rubner-Institut Forellen aus konventioneller und ökologischer Teichwirtschaft:

»Eine prinzipielle Unterscheidung konventioneller und ökologischer Ware war nicht möglich. … Insgesamt war die Qualität aller untersuchten Forellen unabhängig der Aufzuchtform sehr gut. … Alle ermittelten Rückstandsgehalte lagen weit unter den zulässigen Höchstwerten, die sensorische Bewertung gegarter Filets ergab keine Unterschiede hinsichtlich Geschmack, Geruch und Textur. Gleiches galt für die Beurteilung des Muskelfleisches mit verschiedenen instrumentellen Verfahren.« *(www.mri.bund.de)*

LINKS: Frischer geht es kaum. Selbst gefangen, schmecken die Fische hinterher umso besser!

Die Experten erklären dieses erfreuliche Ergebnis damit, dass die Fischzucht in Deutschland überwiegend in der Hand von kleineren Familienunternehmen liegt. Unabhängig von der jeweiligen Aufzuchtform steht in diesen handwerklich strukturierten Betrieben die Qualität des Produktes im Vordergrund. *(www.fisaonline.de)*

Etwas anders sieht es bei der Bewertung von Farmlachsen aus. Zwar ließen sich auch hier Bio- und Standardprodukte in Bezug auf Fett- und Schadstoffgehalt generell nicht unterscheiden, doch in Bezug auf die Farbe des Fischfleischs ist generell festzustellen, dass das »schöne« rote Fleisch der Farmlachse auf dem synthetischen Farbstoff Astaxanthin beruht, der dem Fischfutter beigemischt wird. Bei zertifizierter ökologischer Aquakultur ist die Fütterung mit künstlichen Farbstoffen verboten. Aus diesem Grund sieht der Ökolachs etwas farbloser aus. *(www.mri.bund.de)*

Eine regionale Angelegenheit

Welcher Fisch letztendlich in Ihrem Räucherofen landet, ist eine Frage Ihres persönlichen Geschmacks und natürlich sehr von der Lage Ihres Gartens, in dem der Ofen steht, abhängig. Der Ostfriese kommt sehr leicht an Makrelen und Heringe – für den Bayern sind wirklich frische Räucherheringe eine logistische Herausforderung. Der Alpenländler greift deshalb lieber auf feine Renken und wilde Saiblinge zurück. Ich als »dazwischenliegender« Rheinländer freue mich natürlich über nord- und süddeutsche Spezialitäten gleichermaßen!

Spaß beiseite, was die Beschaffung von frischem Fisch angeht, gibt es meiner Meinung nach vier Möglichkeiten:

1. Selbst fangen.
2. Der Fischzüchter um die Ecke.
3. Gute Lebensmittelketten mit täglich frischer Ware.
4. Der Fischhändler des Vertrauens.

Frisch muss er sein!

Die größte Gefahrenquelle bezüglich des Fischverzehrs sind heutzutage übrigens nicht mögliche Schwermetalle und andere Umweltgifte, sondern ist der Transport. Denn der fangfrischeste Fisch nützt niemandem, wenn er von Anfang an nicht optimal gekühlt wird.

Für den Angler fängt die Lebensmittelhygiene schon beim Fang an. Wichtig ist, dass aus Tierschutzgründen unnötig lange Drillzeiten vermieden werden, darüber hinaus schaden Stresshormone der Fleischqualität. Am gut abgestimmten Gerät wird der Fisch konsequent gedrillt und anschließend, entweder von Hand oder mit einem Kescher, schonend gelandet. Wenn die Beute die richtige Größe hat und zum Verzehr bestimmt sein soll, wird sie unverzüglich betäubt und mittels eines gezielten Stichs ins Herz schnell getötet. Auf diese Weise blutet der Fisch aus, dies ist eine weitere wichtige Grundvoraussetzung für optimale Qualität.

Mein Tipp:

Als »mobiles Eis« sind große Plastikwasserflaschen ideal. Einen Tag zuvor eingefroren, halten sie den Fang in einer handelsüblichen Kühlbox einen ganzen Angeltag lang optimal kühl.

Die Kühlkette einhalten

Ab jetzt kommt die Kühlkette ins Spiel! Leider wird dieser wichtige Punkt von vielen Anglern aus Bequemlichkeit gerne vernachlässigt. Bevor die gefangenen Fische im sicheren Frostfach landen, werden sie im Rucksack herumgetragen, liegen in der Sonne und verbringen zu guter Letzt noch so manchen Autobahnkilometer in stickigen Plastiktüten. Super Nahrungsmittel werden auf diese Weise entwertet. Oft höre ich hierzu das Argument: »Das habe ich immer schon so gemacht, warum soll ich denn jetzt etwas ändern? Schmeckt doch!« Interessanterweise verteufeln diese Menschen dann aber gerne die geräucherten Industrieprodukte, wenn bei diesen eine erhöhte Keimanzahl entdeckt wurde. Bitte glauben Sie mir, nach einem Bakterientest wären schlecht transportierte Fische von offizieller Seite aus nicht mehr als Nahrungsmittel zugelassen, bevor sie überhaupt einen Räucherofen sehen.

LINKS: Frisch und auf Eis muss Fisch sein, der für den Verzehr bestimmt ist.

RECHTS: Gefrorene Plastikwasserflaschen halten gefangenen Fisch in einer Kühlbox einen ganzen Angeltag lang kühl.

Für ein optimales Räuchergebnis will jeder einzelne Schritt gut vorbereitet sein! Damit der Fisch hinterher seinen tollen Eigengeschmack überhaupt entfalten kann, muss er so frisch wie möglich sein!

Wenn ich einen längeren Aufenthalt am Wasser plane, ist stets eine einfache Kühlbox mit etwas Eis dabei. Meistens bleibt sie im Auto. Wenn ich einen Fisch gefangen habe, sehe ich zu, dass er schnellstmöglich auf Eis gelegt wird. Die ideale Lagertemperatur liegt übrigens zwischen zwei und vier Grad Celsius. Auch im Winter verfahre ich so, denn es nützt nichts, wenn der Fang bei Minusgraden durchfriert, um dann auf dem Heimweg im mollig warmen Auto wieder anzutauen, bevor er daheim in die Gefriertruhe wandert.

Die »Kühlkettenpflicht« gilt übrigens auch, wenn Sie Ihre Fische beim Teichwirt oder im Handel erwerben. Schon kurze Zeitspannen oberhalb der 7-Grad-Marke beschleunigen in höchstem Maße ein Bakterienwachstum auf der Fischoberfläche.

Wenn ich meine Räucherfische beim Teichwirt erwerbe, plane ich so, dass ich am nächsten Tag räuchern kann. Mit der Angelrute hat man dagegen selten das Glück, genügend Fische für einen Räuchergang zu überlisten. Abgesehen davon, ist es auch an einem erfolgreichen Angeltag aus Gründen der Nachhaltigkeit nicht sinnvoll, massenweise Fische aus dem Gewässer zu entnehmen. Schließlich möchte ich mich auch noch mit meinen Kindern über selbst gefangene Fische freuen können.

Eigens erbeutete Fische lagere ich deshalb in der Gefriertruhe ein, bis ich genügend Exemplare beisammenhabe. Konkret sieht das so aus: Mit der Kühlbox daheim angekommen, wasche ich mir als Allererstes die Hände mit Seife und nehme die Fische unter kaltem, fließendem Wasser zügig aus. Wer seine Fische direkt am Teich ausweidet und diese dann noch mit guter Absicht sauber wäscht, nimmt eine unnötige Keimbelastung seines Fangs in Kauf. Abgesehen davon, dass beim Angeln die Hände nie wirklich sauber sind, lassen sich gerade im Uferbereich der Gewässer viele Keime in erhöhter Konzentration nachweisen. Durch das Aufschneiden und Ausnehmen des Fisches wird zudem die Oberfläche vergrößert, auf der vorhandene Bakterien »brüten« können, da sie nun den Fisch von außen und innen bevölkern.

Das Ausnehmen der Fische

Um die Organe beim Ausnehmen der Fische nicht zu beschädigen, sollte die Klinge unbedingt in einem möglichst flachen Winkel geführt werden.

Wenn der Darm oder noch schlimmer die Gallenblase verletzt wird, muss so schnell wie möglich mit Wasser nachgespült werden! Sind die Innereien entfernt, werden

LINKS: Nach dem Ausnehmen muss der Fisch gründlich mit frischem Wasser gespült werden.

mit einem Teelöffel oder dem Daumenagel die Nierenreste gründlich von der Wirbelsäule gekratzt.

Bei allen Fischen, die für die Räuchertonne bestimmt sind, sollten außerdem die Kiemen entfernt werden, denn in den gut durchbluteten Kiemenbögen ist auch nach der Schlachtung immer etwas Blut vorhanden. Dieses ist zwar keimfrei, hinterlässt aber auf dem Fisch unschöne Steifen, wenn es beim Räuchergang ausläuft.

Die so vorbereiteten Fische tupfe ich mit Küchenpapier trocken, um sie dann luftdicht zu verpacken. Für 300-Gramm-Forellen eignen sich sechs Liter fassende Gefrierbeutel hervorragend. Zwei bis drei Fische finden hier bequem Platz. Die Luft lässt man ganz simpel aus der Tüte: Einfach die Fische unter Wasser drücken und dann den Beutel mit einem Clip verschließen, fertig.

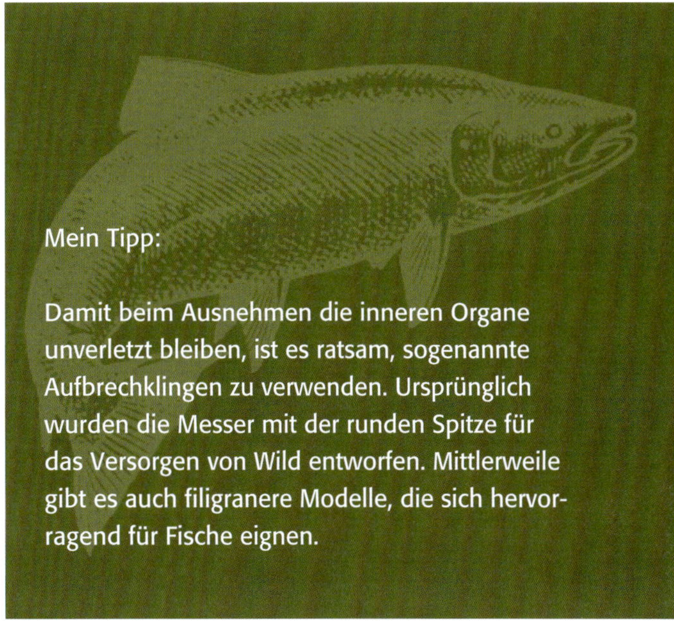

Mein Tipp:

Damit beim Ausnehmen die inneren Organe unverletzt bleiben, ist es ratsam, sogenannte Aufbrechklingen zu verwenden. Ursprünglich wurden die Messer mit der runden Spitze für das Versorgen von Wild entworfen. Mittlerweile gibt es auch filigranere Modelle, die sich hervorragend für Fische eignen.

Unliebsame Bakterien

Um die Bakterienbildung auf ein Minimum zu reduzieren, ist es wichtig, dass unsere Fische so schnell wie möglich durchfrieren. Hierfür ist es ratsam, immer kleinere Portionen, zum Beispiel zwei Forellen nebeneinander statt einen großen »Klumpen«, einzufrieren. Wer eine sogenannte Superfrosttaste an seiner Truhe entdeckt, sollte sie auch nutzen. Per Knopfdruck wird die Gefriertruhe damit auf die kälteste Gefrierstufe gebracht – eine sinnvolle Einrichtung für zügiges Einfrieren.

Eine weitere gute Einfriermethode ist folgende: Der gewaschene Fisch wird auf einer Folie schnell tiefgekühlt. Im Anschluss taucht man ihn kurz in kaltes Wasser. Schnell bildet sich eine dünne Eisschicht auf der gesamten Oberfläche, die den Fisch bei weiterer Lagerung in der Truhe vor dem Austrocknen schützt. Um eine mechanische Verletzung der dünnen Eisschicht zu vermeiden, ist es ratsam, den Vorgang ein paarmal zu wiederholen und die Ware zusätzlich in Alufolie oder Gefrierbeutel zu verpacken. Wenn alle Bedingungen, von der Schlachtung über den Transport bis hin zum Einfrieren gepasst haben, ist selbst eingefrorener Frischfisch bei –18 °C problemlos bis zu sechs Monaten haltbar.

RECHTS: Aufbrechklingen haben eine runde Spitze, um die Organe beim Ausnehmen nicht zu verletzen.

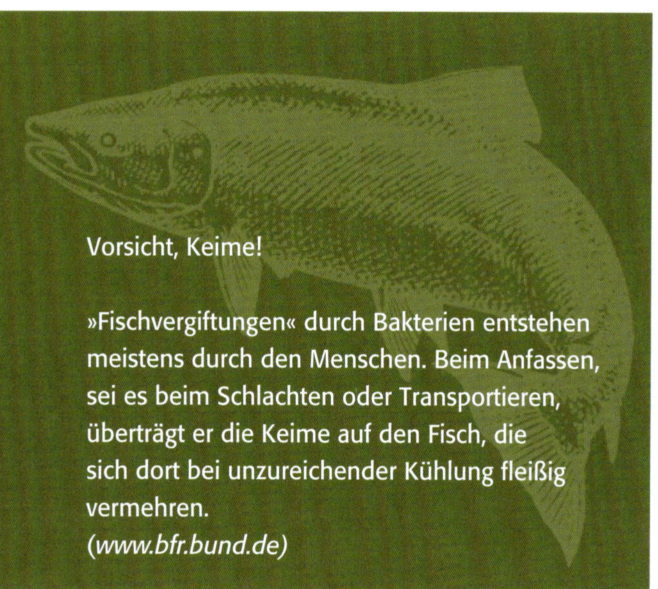

Vorsicht, Keime!

»Fischvergiftungen« durch Bakterien entstehen meistens durch den Menschen. Beim Anfassen, sei es beim Schlachten oder Transportieren, überträgt er die Keime auf den Fisch, die sich dort bei unzureichender Kühlung fleißig vermehren.
(www.bfr.bund.de)

So erkennen Sie frischen Fisch

Wer seine Fische nicht selbst fängt oder nicht frisch geschlachtet im Zuchtbetrieb abholt, ist entweder auf den Händler seines Vertrauens oder die eigene Nase angewiesen. Frischen Fisch erkennt man jedoch recht problemlos:

1. Klare Augen!
Bei richtig frischen Fischen müssen die Augen klar, rund, tiefschwarz und vorgewölbt sein. Sind sie undurchsichtig, grau und eingesunken, ist der Fisch nicht mehr genießbar.

2. Glänzende Haut!
Die Fischhaut muss »frisch« glänzen und darf nicht trocken sein. Stehen die Schuppen ab: Finger weg!

3. Rote Kiemen!
Wenn man die Kiemendeckel vorsichtig anhebt, kann man an der Farbe der Kiemenbögen recht einfach die Frische erkennen. Wenn sie dunkelrot bis hellrot gefärbt sind, ist alles in Ordnung. Fische mit braunen, aufgelösten Kiemen gehören entsorgt und nicht in ihre Einkaufstasche!

4. Angenehmer Geruch!
Frischer Fisch riecht angenehm frisch! Je intensiver der Fisch riecht, desto älter ist er. Wenn Ihnen ein säuerlicher, durchdringender Fischgeruch entgegenkommt, ist gewiss etwas »faul«.

Ein guter Fang wie dieser sollte nicht stundenlang bei Plusgraden auf dem dreckigen Boden liegen. Das schadet der Qualität.

1. Richtig frisch

Klare, ungetrübte, nach außen gewölbte Augen und rote Kiemen kennzeichnen fangfrischen Fisch.

Weitere Merkmale: glänzende Haut und Schuppen, klare Flossenkonturen.

2. Frisch
(36 Stunden später bei 6 °C)

Die Augen sind leicht getrübt und flacher geworden, die Kiemen sind aber noch rot.

Das Fleisch ist fest und hell, die Haut glänzt.

3. Noch gut
(nach 60 Stunden bei 6 °C)

Die Kiemen sind noch rot, Haut und Flossen wirken ausgetrocknet, aber das Fleisch fühlt sich fest an und riecht neutral.

4. Weg damit!!! (Erst 36 Stunden alt, aber ein paar Stunden davon bei 18 °C gelagert.)

Kiemen sind schmierig-bräunlich, die Augen nach innen eingefallen und trüb.

Die Haut ist von jeder Menge Bakterien bewohnt und wirkt blass, das Fleisch ist schmierig.

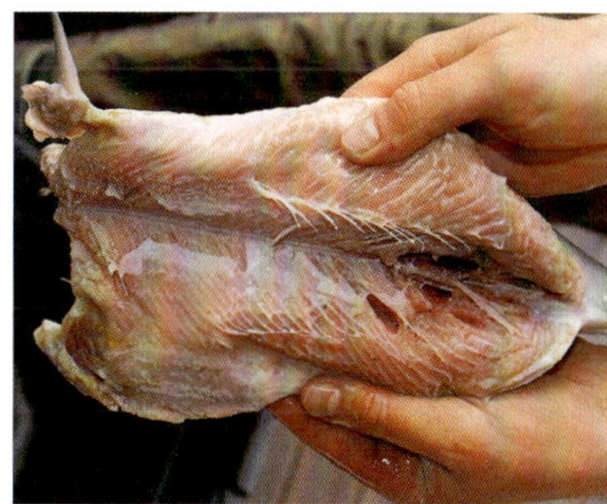

Die Gräten lösen sich vom Fleisch.

Diese Fische eignen sich

Vom Prinzip lässt sich jeder essbare Fisch räuchern. Auf den folgenden Seiten möchte ich Ihnen meine persönlichen Lieblingsfische für die Räuchertonne kurz vorstellen und bitte gleichzeitig um Nachsicht, falls Sie Ihren persönlichen Lieblingsfisch hier nicht finden.

Forellen

Der beliebteste heimische Räucherfisch ist sicherlich die Forelle, von der es verschiedene Arten gibt. Forellenfleisch ist relativ grätenarm, mit wenig Aufwand lassen sich grätenfreie Filets herstellen. Der Geschmack ist recht würzig-aromatisch, dabei aber nicht aufdringlich. Die Konsistenz würde ich mit fein und zart beschreiben. Je nach Herkunft und Art liegt der Fettanteil bei ca. 3 Prozent. Damit gehört die Forelle zu den Süßwasserfischen mit mittlerem Fettgehalt. Am häufigsten hat es der Fischfreund hierzulande mit diesen drei Arten zu tun:

Regenbogenforelle
Ihren schönen Namen verdankt der Fisch dem rosa schimmernden Steifen, der sich über die Flanken zieht. 1882 fand die Regenbogenforelle ihren Weg aus Nordamerika nach Europa. Regenbogenforellen lassen sich gut züchten, da sie höhere Wassertemperaturen als unsere heimischen Bachforellen vertragen und bei entsprechender Fütterung schnell wachsen. Wenn heutzutage in der Gastronomie eine Forelle, egal ob geräuchert oder gebraten, auf Ihrem Teller landet, ist es höchstwahrscheinlich eine Regenbogenforelle. Der große Vorteil dieser Art ist vor allem ihre gute Verfügbarkeit. Wer einen Züchter in seiner Nähe weiß, wird keine Probleme haben, »mal eben« ein Dutzend frischer Fische zu einem erschwinglichen Preis für den Räucherofen zu bekommen. Die

beste »Portionsräuchergröße« – gerade auch für Räucherbeginner – liegt zwischen 250 und 350 Gramm.

Bachforelle

Die Bachforelle ist ein heimischer Fisch und meistens in kühlen, schnell fließenden Gewässern anzutreffen. In freier Wildbahn kann sie um die 70 Zentimeter groß werden. Ihre Durchschnittsgröße liegt bei ca. 30 Zentimetern – genau richtig für die Räuchertonne! Sie wird zwar auch gezüchtet, spielt aber in der Teichwirtschaft eher eine untergeordnete Rolle, da die Regenbogenforellenzucht in Bezug auf Aufwand und Ertrag viel ökonomischer ist. Vom Geschmack und von der Konsistenz kann man sie jedoch durchaus mit der Regenbogenforelle vergleichen. Natürlich spielt die Gewässerqualität bezüglich des Geschmacks eine große Rolle. Eine wild aufgewachsene Bachforelle aus einem sauerstoffreichen Bergbach, die sich schwerpunktmäßig von Bachflohkrebsen und Insektenlarven ernährt hat, trumpft mit einem ganz besonderen Aroma auf.

Lachsforelle

Dem vielversprechenden Namen nach könnte man meinen, es handele sich bei diesem Fisch um eine Kreuzung aus Lachs und Forelle. Irrtum! Lachsforellen sind nichts anderes, als groß gezüchtete Regenbogenforellen. Unter dem »adelnden« Namen sollen sie sich einfach nur besser verkaufen. Ihr rotes Fleisch verdanken die Fische einem Farbstoff, der unter das Futter gemischt wird. Mit der längeren Mastzeit wird das Fleisch dieser Fische immer

LINKS: Regenbogenforellen sind bei vielen Züchtern frisch zu bekommen – die ideale Räuchergröße liegt bei etwa 300 Gramm.

OBEN: Eine Bachforelle in optimaler Räuchergröße.

UNTEN: Sogenannte Lachforellen sind eigentlich »nur« großgezüchtete Regenbogenforellen.

fettreicher. Während der Fettanteil der »normalen« Regenbogenforelle um die 3–5 Prozent liegt, kann er bei einer zwei Kilogramm schweren Lachsforelle schon bei fast 10 Prozent liegen. Aus diesem Grund schmecken die Fische auch »aromatischer«. Zum Vergleich: Zuchtlachse haben bei diesem Gewicht schon das doppelte Fett (15–20 Prozent) auf den Gräten. Aufgrund ihrer Größe eignen sich Lachsforellen besonders als Filets oder Filetstücke für die Räuchertonne und sind zudem bestens für das Kalträuchern geeignet (siehe Seite 114).

Saibling

Genau wie die Forellen gehört auch der Saibling zu den Salmoniden, also den lachsartigen Fischen, und wird von Kennern in der Küche sehr geschätzt. Am häufigsten werden Sie auf unseren Märkten den Bach- und Seesaibling finden. In der Aquakultur spielt er genau wie die Bachforelle eine eher untergeordnete Rolle, da die Fische in puncto Wasserqualität, Sauerstoff und Temperatur recht hohe Ansprüche an ihr Biotop stellen. Wer seinen Gästen einmal etwas Besonderes bieten möchte und die Gelegenheit hat, an gute, frische Saiblinge heranzukommen, sollte diese unbedingt nutzen. Achten Sie aber unbedingt auf gute Qualität! Saiblinge aus kalten arktischen Gewässern zeichnen sich durch ein festes, kerniges Fleisch mit einem milden Aroma aus. Je wärmer das Wasser wird, desto mehr verliert das Fleisch an Qualität. »Billige« Saiblinge können daher fade schmecken.

Lachs

Ob heiß oder kalt geräuchert, gebraten, gebeizt oder roh – Lachse gehören zu den bekanntesten und zugleich beliebtesten Fischen in unseren Küchen. Dank ihrer wenigen Gräten lassen sie sich wunderbar filetieren und haben aufgrund ihres recht hohen Fettanteils einen kräftigen Geschmack, der je nach Art und Herkunft variiert.

Vor der Industrialisierung im 19. Jahrhundert und der damit verbundenen Abnahme der Wasserqualität und der Verbauung der Gewässer war dieser Wanderfisch einer der »Brotfische« in Deutschland. Der Rhein galt als einer der besten Flüsse für den Atlantischen Lachs. Dank aufwendiger Renaturalisierungs- und Besatzmaßnahmen halten die Fische zwar wieder vorsichtig Einzug in unsere Gewässer, aber bis auf ein paar Ausnahmen an der Küste sind wir noch weit davon entfernt, heimische Lachse in den Räucherofen hängen zu können.

Bei den Lachsen unterscheiden wir zwischen einigen Arten. In Europa haben wir es mit dem Atlantischen Lachs zu tun. Dann gibt es noch die pazifischen Lachse, zu denen gehören Königslachs, Silberlachs, Hundlachs, Rotlachs und Buckellachs. Aufgrund hoher reproduzierbarer Qualität landet bei uns meistens Farmlachs aus Norwegen oder Chile auf den Tellern. In Tests schneidet dieser in puncto Frische und Geschmack meistens besser ab als Wildlachs.

Laut Stiftung Warentest (12/2012) sind die Produktionstechniken vieler norwegischer Betriebe mittlerweile auf einem so hohen Niveau angelangt, dass ihre Erzeugnisse dem Wildfang vorgezogen werden können. Viele Anbieter von Wildlachsen enttäuschen mit ihrer Qualität. Darüber hinaus lassen sie unabhängige Tests ihrer Produktionsketten, also vom Wasser über das Boot bis in die Fabriken, gar nicht erst zu. Ich persönlich beziehe meine Lachse meist tiefgefroren aus dem Supermarkt und achte darauf, dass sie aus zertifizierter norwegischer Haltung stammen.

LINKS: Saiblinge trumpfen mit ihrem feinen Geschmack auf.

OBEN: Sämtliche Salmoniden lassen sich prima beizen.

UNTEN: Ein echter Wildfang: Silberlachs aus Alaska.

Aal

Spätestens seit Schlöndorfs Verfilmung von Günter Grass' »Blechtrommel« finden viele Menschen diese eleganten Schlängler eklig, da diese sich scheinbar von Aas ernähren.

Fragen Sie aber einmal einen Angler nach den besten Aalködern. Ich garantiere Ihnen, dass Sie als Antwort entweder »frische Würmer« oder »frische Fische« erhalten werden. Mit einem faulen Fleischstück wird der Fangerfolg garantiert ausbleiben!

Aale haben, was ihren Lebenszyklus betrifft, eine sehr spannende Biografie! Die Larven des Aals schlüpfen in der Nähe der Bahamas in der 5.000 Kilometer entfernten Sargassosee, um dann innerhalb von drei Jahren die europäischen Küsten zu erreichen. Von dort geht ihre Reise durch die großen Flüsse bis in die kleinsten Bäche weiter. Mit einem Alter von zwölf bis fünfzehn Jahren wandern die weiblichen Fische, die über einen Meter lang werden können, wieder ab. Männliche Fische begeben sich bereits nach sechs Jahren auf ihre letzte Reise zurück in ihr Laichgebiet.

Wer an Räucherfisch denkt, kommt am Aal nicht vorbei! Mit einem Fettgehalt von teilweise über 20 Prozent gehört er zwar zu den fetthaltigsten, aber gleichzeitig auch zu den aromatischsten Fischen. Heutzutage kommen über 90 Prozent der am Markt verkauften Aale aus Aquakulturen, meist aus Italien. Geräuchert trumpft er durch sein feines Fleisch auf. Für den Räucherofen eignen sich Exemplare zwischen 50 und 60 Zentimetern am besten.

LINKS: Der Aal ist einer der beliebtesten Angelfische in Deutschland und im geräucherten Zustand eine echte Delikatesse.

RECHTS: So sehen »vergoldete« Heringe aus.

Hering

Der Hering ist sicherlich einer der wichtigsten Speisefische der Welt. Grund dafür ist einerseits sein enormes Vorkommen mit über 50 Arten, andererseits zeichnet sich dieser recht kleine Fisch durch vorzügliche Nährwerte aus. Er ist ein guter Eiweiß-, Jod,- Selen- und Vitaminlieferant und beinhaltet in seinem Fettanteil von ca. 15 Prozent viele wertvolle Omega-3-Fettsäuren.

Da es recht kompliziert ist, Heringe in Aquakulturen zu züchten, stammen alle auf dem Markt erhältlichen Heringe aus freier Wildbahn und genau hier liegt ein Problem: Als massenweise vorkommender Schwarmfisch ist der Hering von der Fischindustrie relativ einfach in großen Mengen zu fangen. Gleichzeitig sind die großen Heringsschwärme aber auch die Lebensgrundlage für viele andere Meeresbewohner. Etwa dorschartige Fische wie der Kabeljau, Thunfische, Wale – die Liste der Heringsinteressenten ist sehr lang. Eine Überfischung der Heringsbestände hätte auf diese teilweise jetzt schon bedrohten Arten fatale Auswirkungen.

Die enorme hohe wirtschaftliche Bedeutung und die Tatsache, dass weitere für den Verbraucher wichtige Fischarten auf sein Vorkommen angewiesen sind, sind mittlerweile glücklicherweise Grund für ein strenges Heringsmanagement. So werden die Fanquoten für den Atlantischen Hering von der EU in Zusammenarbeit mit Wissenschaftlern jedes Jahr neu festgelegt, um eine Überfischung dieser mittlerweile sehr wertvollen Speisefische zu vermeiden. Wer direkt an der Küste oder an der Fischtheke frisch gefangene Heringe bekommen kann, sollte diese bis 45 Zentimeter langen Fische unbedingt einmal in der Tonne vergolden. Festes, aber dennoch zartes Fleisch und ein kräftiger Geschmack zeichnen diesen Fisch aus. Einziger Nachteil: Die vielen dünnen Gräten sind nicht jedermanns Sache.

Makrele

Die Makrele schafft es gerade noch in die Top Zehn der beliebtesten Speisefische in Deutschland. Genau wie beim Hering ist es aus wirtschaftlicher Sicht uninteressant, Makrelen zu züchten. Deshalb werden sie von Kuttern mit Netzen gefangen und unterliegen ebenfalls strengen Fangquoten. Trotzdem sind Makrelen, genau wie ihre großen Verwandten, die Thunfische, in ihren Beständen stark von der Fischerei bedroht.

LINKS: Kleiner Fisch, aber groß im Geschmack, der Hering.

Im Sommer sind Makrelen in großen Schwärmen in unseren Küstengewässern anzutreffen. Mit etwas Glück kann dann der Hobbyangler schnell seine Kühlbox füllen. Das Gute daran: Wer mit der Angelrute den Mini-Thunen nachstellt, kann mit bestem Gewissen seine Makrelen in den Rauch hängen, denn diese Beute wird im Gegensatz zur kommerziellen Fischerei keinerlei Auswirkung auf die Fischbestände haben!

Rein geschmacklich ist die Makrele einer der Top-Räucherfische. Ihr saftiges Fleisch hat eine gute würzige Note und nimmt während der Veredelung im Ofen wunderbar das Raucharoma an.

Plattfische

Mit »Plattfisch« verbinden die meisten Menschen die Scholle. Dann gibt es noch Seezunge, Heilbutt, Steinbutt und Flunder, oder?

Hätten Sie gedacht, dass es weltweit insgesamt über 675 Arten von »Platten« gibt? Allein bei den Butten gibt es 20 Gattungen, auf die sich fast 160 Arten verteilen. Die wichtigsten fünf für unsere Räucherzwecke habe ich oben genannt – ansonsten würde der Rahmen dieses Buches schnell gesprengt.

Plattfische sind wichtige »Brotfische« unserer Küstenfischerei. Ganze Kutterflotten leben vom Fang und von der Vermarktung von Scholle und Seezunge.

Sofern sie von ihrer Breite in den Ofen passen, lassen sich alle Plattfische bestens räuchern. Natürlich hat jede Art ihren ganz eigenen Geschmack. Zusammengefasst würde ich geräucherten Plattfisch aus Nord- und Ostsee als butterzart mit einem wirklich feinen Eigengeschmack beschreiben, der wie bei den meisten der hier aufgezählten Fischarten nicht mit all zu viel Gewürzen unnötig verfälscht werden sollte.

Der Atlantische Heilbutt auf unseren Märkten stammt größtenteils aus den subarktischen Gewässern vor Norwegen, Island und Grönland. Dort wird er mit Netzen oder Langleinen befischt. Nachdem auch der Heilbutt eine Fangquote bekam, wurde in Norwegen erfolgreich mit der Zucht dieser recht imposanten Fische begonnen. Der Hobbyräucherer wird es schwer haben, einen ausgewachsenen Heilbutt am Stück zu räuchern. Kapitale Exemplare knacken spielend die 100-Kilogramm Marke. Als Speisefisch ist Heilbutt eine besondere Delikatesse! Das mit 5 Prozent eher fettarme Heilbuttfleisch ist von der Konsistenz fest, aber zugleich auch saftig. Heiß geräuchert, besticht er durch sein schneeweißes, feinfaseriges Fleisch mit einem milden Geschmack.

RECHTS: Makrelen sind reich an Omega-3-Fettsäuren und schmecken fantastisch.

Barsch

Egal ob Fluss oder See, der Flussbarsch ist ein allgegenwärtiger und sehr beliebter Süßwasserfisch. Viele Anglerkarrieren begannen mit Minibarschen, die mit einfachstem Gerät und einem Wurm als Köder direkt neben den Steganlagen am Urlaubsort gefangen wurden. Meiner Meinung nach sind Barsche aufgrund ihres recht feinen und festen Fleischs sehr gut für die Räuchertonne geeignet. Wie bei allen mageren Fischen, deren Fettanteil unter 1 Prozent liegt, sollte unbedingt eine Räuchertemperatur über 80 °C vermieden werden, da ansonsten das Fleisch, besonders am Bauchbereich, schnell austrocknet. Erfahrungsgemäß eignen sie sich hervorragend für sogenannte Tischräucheröfen, in denen sie aufgrund der kurzen Garzeiten schön saftig bleiben. Die hier genannten »Barscheigenschaften« gelten 1:1 auch für den Zander.

Wolfsbarsch

Seit einigen Jahren hält ein sehr interessanter Fisch Einzug in der Nordsee und kann hier mittlerweile erfolgreich beangelt werden, der Wolfsbarsch. Im großen Fischgeschäft spielt er als »Loup de mer« (nicht mit dem Seewolf verwechseln!) eigentlich nur eine Randrolle, aber als persönlicher Liebhaber dieser Art möchte ich die Silberlinge hier kurz erwähnen.

LINKS: Plattfische wie diese Scholle bestechen durch ihr zartes Fleisch.

OBEN: Auch Barsche machen im Räucherofen eine gute Figur.

MITTE: Wenn Sie die Chance haben, einen Wolfsbarsch zu räuchern, sollten Sie sie unbedingt nutzen.

UNTEN: Die Renke ist eine süddeutsche Spezialität.

Das helle Fleisch ist fest und weist ein feines, mildes Aroma auf. Es wird von Kennern sehr geschätzt und fällt zu Recht in die Kategorie »Feinkost«.

Wer nicht selbst zur Angel greift, wird kaum eine Chance haben, einen wild aufgewachsenen Fisch in seinen Ofen hängen zu können. Die bei uns erhältlichen Fische stammen größtenteils aus Farmen im Mittelmeerraum. Trotzdem: Wenn Sie bei Ihrem Fischhändler des Vertrauens die Chance haben, frischen Wolfsbarsch zu bekommen, sollten Sie ihn unbedingt einmal geräuchert probieren!

Renken, Felchen, Maränen

Auch wenn sie mit ihrem silbernen Schuppenkleid vom Äußeren eher an heimische Friedfische erinnern, gehören diese Fische zu den Lachsartigen. Als *Coregonus* vertreten sie unter den Salmoniden die artenreichste Gattung. Von der Fischerei her spielen sie besonders in den tiefen Voralpenseen sowie in den großen norddeutschen Seen eine große Rolle. Der Bodensee ist, was die Renke betrifft, sicherlich eines der bekanntesten deutschen Gewässer. Aufgrund von erfolgreichen Besatzmaßnahmen kann man sie, zur Freude der Angler, heute aber auch in einigen sauberen Talsperren und Baggerseen der gesamten Republik vorfinden. Egal ob Sie nun Gelegenheit haben, die kleinen Maränen von nur 15 Zentimetern aus der Biggetalsperre im Sauerland oder 50 Zentimeter lange Renken aus dem Genfersee zu räuchern, eines ist mit Sicherheit gewiss: Sie werden von diesen geschmacksintensiven Fischen mit dem hellen, festen Fleisch begeistert sein.

Weißfische und Friedfische

Karpfen, Barbe, Rotauge, Brachse, Rapfen … die Palette unserer heimischen Fried- und Weißfische ist sehr lang. Besonders im süddeutschen Raum werden viele dieser Fische als regionale Räucherspezialitäten geschätzt und gerne gegessen. Wahre Kenner und Genießer lassen sich auch nicht von den verhältnismäßig vielen feinen Gräten abschrecken. Die geräucherten Fische werden einfach filetiert und anschließend mit einem scharfen Messer vom Rücken zum Bauch in kurzen Abständen eingeschnitten. So behandelt, lassen sie sich gefahrlos verspeisen.

LINKS: Auch der Karpfen ist ein wunderbarer Räucherfisch.

RECHTS: Dieser frisch geräucherte Karpfen ist bereit zum Verzehr.

Räuchern – so geht's

Wenn man ein paar Grundregeln beachtet und hochwertige Zutaten verwendet, ist Räuchern kein Hexenwerk und bereitet viel Freude.
Wie Sie von Anfang an gute Ergebnisse erzielen, erfahren Sie auf den folgenden Seiten.

Am Anfang ist das Salz

Der Räucherofen steht auf dem Balkon, der Gasbrenner funktioniert, genügend Räuchermehl ist vorhanden und frische Fische sind auch da. Jetzt fehlt nur noch eine wichtige Zutat, bis der Räucherspaß losgehen kann: das Salz.

Bevor der Fisch in den Rauch kommt, sollte er gesalzen werden. Das Mineral hat drei verschiedene Aufgaben: Erstens gibt es dem Fischfleisch eine gewisse Grundwürze. Zweitens entzieht das Salz dem Fleisch Wasser, dadurch wird die Konsistenz des Räucherguts insgesamt fester. So kommt der Fisch mit all seinen eigenen Aromen geschmacklich besser zur Geltung. Zu guter Letzt sorgt eine gleichmäßige Salzung für eine bessere Haltbarkeit der Fische. Das Salz entzieht nämlich nicht nur dem Fischfleisch, sondern auch eventuell vorhandenen unerwünschten Mikroorganismen das Wasser und bremst so ihre Vermehrung. Letztendlich entscheidet bei unserem Vorhaben aber nur ein Punkt: der gute Geschmack! Und da die Geschmäcker bekanntlich verschieden sind, verhält es sich mit dem Salzen der Räucherware genau wie mit allen anderen Rezepturen in der Küche: Es gibt nicht den ultimativen, allgemeingültigen Weg, sondern viele verschiedene Möglichkeiten, die allesamt zum Ziel führen.

Wichtig: Es muss unbedingt Speisesalz, also Kochsalz oder Meersalz, sein. Pökelsalz ist tabu! Denn dieses enthält neben Kochsalz auch anteilig Kalium- bzw. Natriumnitrat. Diese Zusätze sorgen beim Pökeln von Fleischwaren für die optisch ansprechende rote Färbung des Schinkens. Extrateures Gourmetsalz wird auch nicht benötigt. Ein einfaches Speisesalz aus dem Supermarkt reicht völlig aus.

LINKS: Richtig eingesetzt, können Gewürze das gewisse »Extra« ausmachen

Es gibt zwei Möglichkeiten, unsere Fische vor dem Räuchergang zu salzen, das Trockensalzen und das Nasssalzen in einer Lake.

Das Trockensalzen

Das Trockensalzen ist die einfachste und zugleich eine der schnellsten Methoden, den Fisch für den Räuchergang vorzubereiten. Hierfür wird der zuvor gesäuberte und trockengetupfte Fisch von innen und außen mit Salz eingerieben. Verwechseln Sie diese Salzmethode nicht mit dem leichten Salzen, bevor ein Fisch zum Braten in die Pfanne wandern soll. Für den Räucherofen geht man viel großzügiger mit den kleinen Kristallen um. Als Faustformel können Sie mit ca. fünf Prozent des Fischgewichtes rechnen. Ein 300 Gramm schwerer Fisch wird also mit 15 Gramm Salz eingerieben, das entspricht etwa der Menge eines Esslöffels.

So behandelt, wird die zukünftige Räucherware für ein bis zwei Stunden an einem kühlen Ort untergebracht. Hierfür eignen sich Kühlschrank, Keller und im Winter die Terrasse – hier aber Vorsicht vor Nachbars Katze!

Da das Salz, wie bereits erwähnt, den Fischen Feuchtigkeit entzieht, ist die Lagerung in einer Kunststoffwanne, welche die »Suppe« sicher auffängt, sinnvoll. Die »Herrin« im Hause wird es Ihnen danken! Die beste Einlegezeit müssen Sie für sich selbst herausfinden, sie ist von verschiedenen Faktoren abhängig. So brauchen dicke Fische länger als dünne und in zuvor eingefrorene Exemplare zieht das Salz schneller ein als in frische.

Das Trockensalzen eignet sich meiner Meinung nach am besten für gleichmäßige Fischstücke wie Filets oder quer zur Wirbelsäule geschnittene Koteletts.

Bei kompletten Fischen besteht die Gefahr, dass die dünnen Bauchpartien verhältnismäßig viel Salz abbekommen, der Fisch wird ja von innen und außen eingerieben. Die wertvollen dicken Rückenstücke bekommen weniger ab und können deshalb recht fade sein. Diesem Problem lässt sich mit etwas Übung aber leicht entgegenwirken: Einfach etwas weniger Salz von innen an die dünnen Seiten des Bauchbereichs reiben!

Ein guter Bekannter, der seine Forellen der Einfachheit halber immer trocken salzt, hat diesbezüglich schon so viel Fingerspitzengefühl entwickelt, dass seine Räucherwerke insgesamt sehr harmonisch gesalzen schmecken und auf jeden Fall mit nass gesalzenen Fischen mithalten können. Wenn Sie also mittags erfahren, dass am Abend netter Besuch zu Gast sein wird, dem Sie etwas Besonderes bieten möchten, steht mithilfe der Trockensalzmethode einem spontanen Räuchergang nichts im Wege.

Das Nasssalzen

Das Nasssalzverfahren ist nichts anderes als das Einlegen der Fische in eine Lake, ein homogenes Gemisch aus Wasser und Salz. Auch hierbei gibt es eine Möglichkeit für Kurzentschlossene mit wenig Zeit: die gesättigte beziehungsweise konzentrierte Salzlösung.

Eine gesättigte Lösung ist erlangt, wenn die höchstmögliche Konzentration an Salz erreicht ist und sich kein weiteres Salz mehr auflösen lässt. Bei einer Temperatur von 20 °C sind das 385 Gramm Salz auf einen Liter Wasser. Jedes Gramm mehr wird sich als Bodensatz im Gefäß

sammeln. Es gibt einen einfachen Kartoffeltrick, die richtige Sättigung der Lake zu überprüfen: Wenn eine Kartoffel oben auf schwimmt, ist die Salzmenge in Ordnung. Sinkt die Knolle, muss noch etwas Salz eingerührt werden. Wichtig ist, dass eventuell zu viel zugegebenes Salz nicht im Behälter bleibt, sondern das Ganze dann noch einmal kurz umgeschüttet wird, da auf dem Bodensatz aufliegende Fischteile ansonsten zu arg gesalzen würden. Für eine »gesättigte« Räucherlake brauchen Sie aber gar

LINKS: Eine wichtige Grundlage für guten Räucherfisch: reines Salz.

RECHTS: Eine gute Methode, wenn es schnell gehen muss: Hier wird von Hand »trocken« gesalzen.

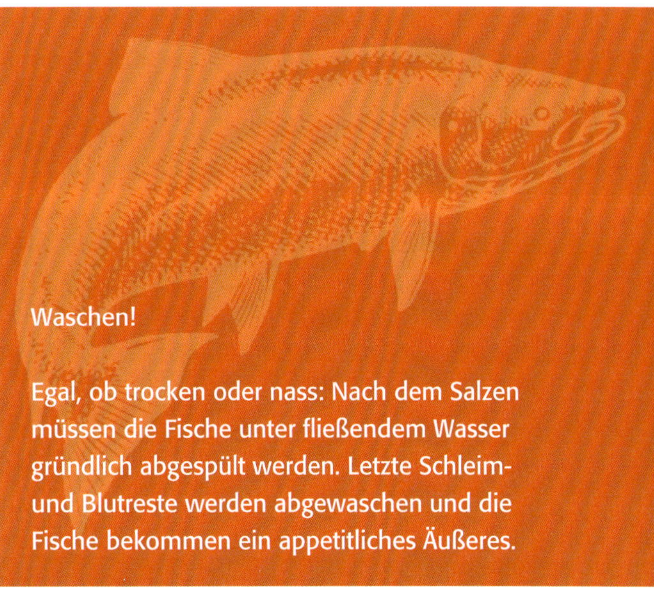

Waschen!

Egal, ob trocken oder nass: Nach dem Salzen müssen die Fische unter fließendem Wasser gründlich abgespült werden. Letzte Schleim- und Blutreste werden abgewaschen und die Fische bekommen ein appetitliches Äußeres.

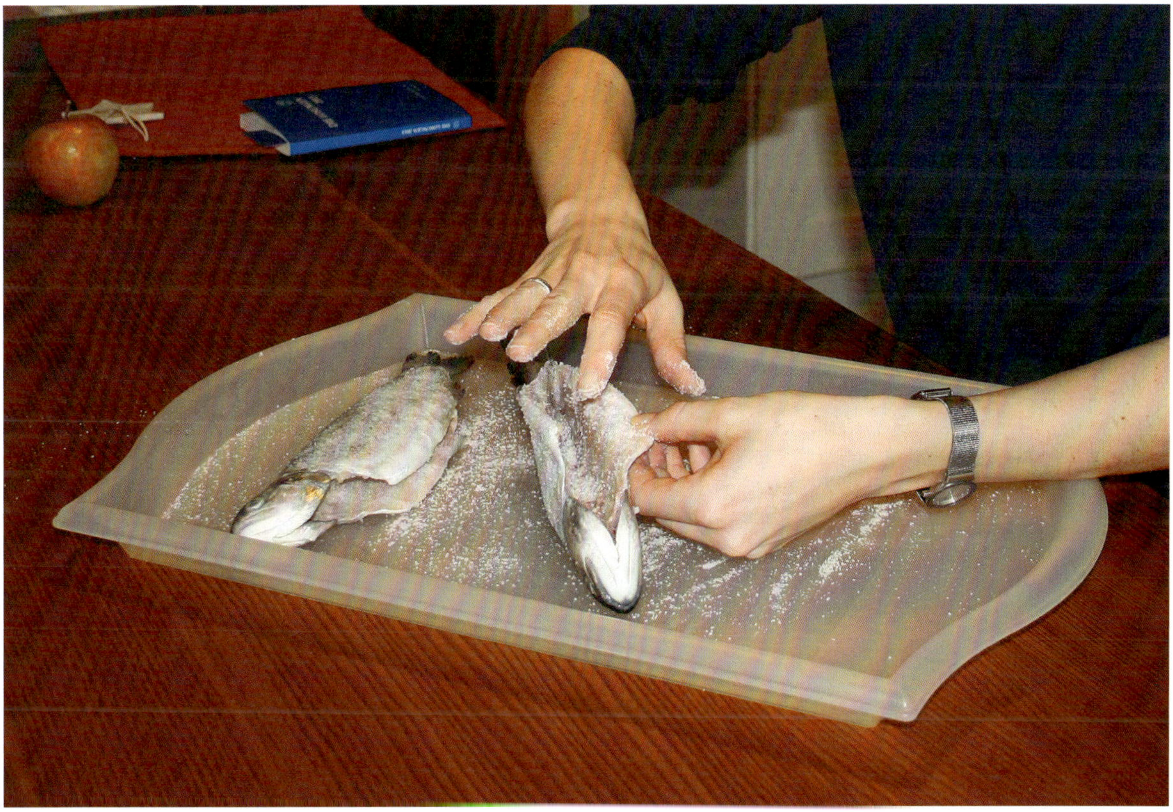

nicht so akribisch arbeiten. Schütten Sie einfach ein Paket (500 Gramm) Salz in zwei Liter kaltes Wasser, gut umrühren, fertig! Am besten eignen sich für diese Methode flache Wannen. Nach ungefähr zwei Stunden sind Ihre Fische fertig für den Ofen.

Genau wie das Trockensalzen eignet sich das Nasssalzen in einer gesättigten Lösung am besten für gleichmäßig dicke Fischstücke. Bei ganzen Fischen besteht auch hier die Gefahr von ungleichmäßiger Salzung. Andererseits bedeutet eine ungleichmäßige Salzung noch lange nichts Schlechtes. Solange nichts versalzen ist, finde ich eine etwas unterschiedliche Salzung der einzelnen Fischpartien und den damit verbundenen variantenreichen Geschmack bei einem gut geräucherten Fisch auch sehr interessant!

Milde Variante

Die gängigste und sicherste Methode, die Fische mittels einer Lake räucherfertig zu machen, braucht einen halben Tag Zeit. Die klassische Lake besteht je nach Belieben und Geschmack aus einer fünf- bis achtprozentigen Salzlösung, in der die Fische für etwa zwölf Stunden eingelegt werden. Hierfür werden 50–80 Gramm Salz in einem Liter Wasser

aufgelöst. Auch hier muss ein jeder die optimale Salzmenge und Einlegezeit für seinen persönlichen Geschmack selbst herausfinden.

Wenn Sie das erste Mal räuchern möchten, empfehle ich Ihnen auf alle Fälle den Mittelwert, damit haben Sie einen Anhaltspunkt, mit dem Sie später weiterarbeiten können. Wichtig: Alle Fische sollten komplett von der Lake bedeckt sein! Rechnen Sie am besten mit ungefähr eineinhalb Litern Flüssigkeit pro Kilogramm Fisch. Eine Wanne ist daher besser geeignet als ein Eimer.

Auch bei diesem Verfahren sollten die Fische eher kühl als warm gelagert werden. Ein Kühlschrank ist jedoch nicht nötig. Wer in einer lauen Sommernacht auf Nummer Sicher gehen will, gibt ab und an eine große gefrorene (zuvor gewaschene!) Plastikflasche in die Lake. Vorsicht bei Frost! Wer es gut meint und seine Lake samt Fische im Winter bei Minusgraden auf die Terrasse stellt, riskiert eine schlechte Salzung. Aufgrund des Salzgehaltes wird die Lake zwar nicht vereisen, aber die bislang ungesalzenen Fische in der Lake können frieren und nehmen dann kein Salz mehr auf.

Wer aus »kühltechnischen« Überlegungen gefrorene Fische einlegen möchte, sollte daran denken, dass durch das langsame Auftauen die Lake wie gewünscht zwar recht kühl ist, aber auch die Gefahr einer ungleichmäßigen Salzung besteht, denn die schnell auftauenden Bauchpartien haben natürlich länger Zeit, das Salz aufzunehmen. Deshalb ist es sinnvoll, am besten nur kleinere, maximal 350 Gramm schwere gefrostete Fische einzulegen, die einzeln eingefroren wurden. Bei einem tiefgefrorenen »Fischklumpen« ist ein Malheur fast vorprogrammiert, denn ein solcher kann sogar nach einigen Stunden im Kern noch eisig sein.

Erfahrungsgemäß nehmen zuvor eingefrorene Fische schneller Salz auf als Frischfisch. Aus diesem Grund ver-

wende ich bei gefrosteten Fischen stets eine mildere Lake als bei frischen. Wenn beide »Sorten« geräuchert werden sollen, landet die (aufgetaute)Tiefkühlware einfach ein paar Stunden später in der Wanne. Wichtig: Selbstverständlich darf aus hygienischen Gründen eine Lake nur einmal verwendet werden.

Die Sache mit den Gewürzen

Für ein gutes Räucherergebnis braucht man nur wenige Zutaten: Fische, Salz und Rauch. Wenn diese drei Zutaten in optimaler Qualität aufeinander abgestimmt sind, gibt es meiner Meinung nach nichts Besseres. Beim Einlegen der Fische greifen jedoch viele auf diverse Gewürze und geheime Mittelchen zurück. Da ich als bekennender Purist aus eigener Erfahrung wenig zu diesem Thema beisteuern kann, habe ich für dieses Buch sämtliche Räuchermänner in meinem Bekanntenkreis – ich kenne leider keine Frau, die mit Gewürzen räuchert – nach den speziellen Geheimnissen ihrer Einlegekunst befragt. Egal ob mit Gas, Elektrik oder Holz geräuchert wurde, beim »Raucherzeuger«, dem Holz und Sägemehl, waren sich fast alle einig: Buche muss es sein! Das gab auch ein jeder gerne preis. Als ich nach den Zutaten der Laken fragte, wurden einige dann doch geheimnisvoller, sodass ich etwas hartnäckiger nachbohren musste. Zusammenfassend kann ich nach meinem heutigen Wissensstand von fünf unterschiedlichen Sorten von Lake sprechen:

LINKS: Die gängigste Salzmethode ist die Verwendung einer Lake.

OBEN: Auch bei der Herstellung der Lake sind der Fantasie keine Grenzen gesetzt. Hier kommt zum Beispiel noch ein guter Schluck Rotwein dazu.

UNTEN: Eine sichere Sache: Fertige Gewürzmischungen sind meist »von Haus aus« gut abgestimmt.

1. Minimalistische Lake

Der Purist mischt seine Lake aus lediglich zwei Zutaten: Wasser und Salz. Er möchte den Geschmack der jeweiligen Fischsorten in Kombination mit den vielen aromatischen Stoffen des Rauchs bestmöglich zur Geltung bringen und verzichtet deshalb komplett auf den Geschmack verändernde Gewürze.

2. Fantasievolle Lake

Mein Freund und Nachbar Björn ist, was seine Lake angeht, jedes Mal recht fantasievoll. Je nachdem was die Küche aktuell hergibt, schnibbelt er fleißig Obst oder Gemüse klein. Paprikapulver, Knoblauch, Zwiebeln, Rotwein … die Menge der Zutaten und die jeweiligen Dosierungen variiert er je nach Lust und Laune. Jede Lake ist bei ihm anders und seine geräucherten Fische haben dadurch stets eine individuelle Note, von der wir uns jedes Mal aufs Neue überraschen lassen.

3. Fertigmischungen

Der Handel bietet bereits fertig abgestimmte Laken mit vielversprechenden Namen an. Da gibt es »Seefahrerschmaus«, »Forelle delikat«, »Mexico-Lachs«, oder »Fischermanns Freund«. Die Benutzung ist denkbar einfach: Wasser drauf, umrühren, fertig. Sie sind sozusagen die Tütensuppen für den Hobby-Räucherer. Äußerst praktisch, wenn es auf die Schnelle mal etwas anderes sein soll. Wer sich erstmalig mit dem Würzen seiner Lake befasst, sollte für die ersten Räuchergänge seine Fische zunächst einmal auf diese einfache Weise würzen. Genau wie bei den Zusatzstoffen für das Räucherfeuer bin ich auch in diesem Fall der Meinung, dass man erst mit den grundlegenden Dingen sicher umgehen können muss, bevor man diese verbessern möchte. Aber genau wie Tütensuppen sind sie zwar sicher in der Anwendung, aber nicht wirklich originell. Ich persönlich würde auf alle Fälle darauf achten, dass neben dem Salz ausschließlich natürliche Gewürze und Kräuter als Zutaten verwendet werden.

4. Sud in der Lake

Räucherfreund Alfred bereitet seine Lake immer sehr gewissenhaft vor. Damit das Aroma der verwendeten Gewürze optimal zur Geltung kommt, zerkleinert er Lorbeerblätter, Wacholderbeeren und Co. als allererstes gewissenhaft von Hand in einem Mörser. Das wohlriechende Pulver wird anschließend mit etwas Wasser kurz aufgekocht und landet erst dann in der Lake. Hierbei sieht man sehr gut, wie sich die Gewürzwolke schön gleichmäßig im Wasser verteilt. Es leuchtet ein, dass diese Art der Würzung viel effektiver ist, als ein paar in die Lake geworfene trockene Lorbeerblätter und Pfefferkörner, die im kühlen Wasser kaum ein wahrnehmbares Aroma entfalten können.

5. Geschmacksverstärker

Genau wie Kartoffelchips oder Gemüsebrühe kann man auch seine Räucherfische mit Geschmacksverstärkern aufpeppen. Beim Räuchern von Fischen werden gerne ein paar Löffelchen des Fischgewürzes »Maridor« von Nestle der Lake beigegeben. Auch »Fondor« von Maggi oder Maggi-Würze wird gerne genommen. Mit diesen Mittelchen gewürzt, schmeckt die Räucherforelle fast ein wenig nach Fleischwurst – perfekt, wenn man ein breites Publikum mit seinen Produkten ansprechen möchte. Neben allerlei Kräutern und Gemüse beruht der Geschmack dieser Würzmischungen aber auch auf Geschmacksverstärkern. Studieren Sie einmal in Ruhe die Zutaten! Hefeextrakt hört sich eigentlich recht natürlich an, oder? Die Hefe dient diesem Produkt aber lediglich als Eiweißlieferant, dem dann über Umwege unter anderem Glutamat eingesetzt wird. Hefeextrakt gilt deshalb – zur Freude der Lebensmittelindustrie – laut Gesetz auch nicht als Geschmacksverstärker, sondern als natürliche Zutat.

Meine Meinung zu diesen Würzmischungen ist eindeutig. Ich für meinen Teil achte nicht penibel auf eine optimale Fischqualität, um dann später meine fangfrische Seeforelle mit Glutamat, Inosinat und Guanylat zu behandeln. Wenn ich gut gewürzte Fische genießen möchte, greife ich auf natürliche Zutaten zurück. Wenn mir nach Geschmacksverstärkern ist, esse ich lieber Chips!

LINKS: Einfach und effektiv: Für einen Sud werden die Gewürze mit einem Mörser zerkleinert.

RECHTS: Eine acht Liter Marke ist äußerst praktisch. Einfach 500 Gramm Paket Salz auflösen und schon stimmt die Mischung.

Feuer, Marsch – Anleitungen zum Heißräuchern

Auf den folgenden Seiten finden Sie zwei Anleitungen zum Heißräuchern von Fischen. Bitte denken Sie beim Studieren dieses Kapitels daran, dass jedes Räuchergerät seine individuellen Eigenheiten besitzt und die folgenden Anleitungen lediglich als Richtlinien zu verstehen sind, die nicht immer 1:1 mit jedem anderen Ofen harmonieren werden.

Räuchern in einem gasbetriebenen Ofen

Bei Räucherkollege Alfred ist es bereits eine Tradition: Kurz vor Weihnachten raucht bei ihm der Räucherofen. Seine perfekt geräucherten Forellen aus dem selbst gebauten gasbetriebenen Ofen sind innerhalb der Familie und bei guten Freunden immer sehr begehrt und inzwischen ein fester Bestandteil der gemütlichen Feiertage. Dieses Jahr war ich mit der Kamera dabei.

Egal, ob Sie mit Gas oder Strom räuchern möchten, das Prinzip ist dem des folgenden Räucherganges immer ähnlich.

1. Säubern

Die über Nacht eingelegten Fische werden unter fließendem Wasser gründlich gespült und dabei von Schleim- und Blutresten befreit. Anschließend werden sie mit Küchenkrepp trockengetupft und auf Räucherhaken gesteckt.

LINKS: Wenn das Feuer im Ofen heruntergebrannt ist, kann es mit dem Räuchern losgehen.

2. Vortrocknen

Bevor die Forellen in den Ofen wandern, müssen sie kurz vorgetrocknet werden. Alfred hängt die Forellen in seiner Räucherhütte über einem einfachen Gasheizgerät auf. Hier sind sie vor Wind und Wetter geschützt und der kleine Ofen beschleunigt das Vortrocknen in der kalten Jahreszeit. Eine andere Möglichkeit wäre, die Fische im Ofen bei 30 °C vorzutrocknen, denn Gasöfen haben den komfortablen Vorteil, dass sie sich stufenlos und präzise regeln lassen.

Das Vortrocknen geschieht aus zwei Gründen: Zum einen nimmt ein leicht getrockneter Fisch im Ofen besser die gewünschte goldene Farbe an und zum anderen gewinnt auf diese Weise die Fischhaut an Stabilität, der Fisch hängt dadurch sicherer am Haken. Das ist wichtig, weil die Gräten während der Garphase einen großen Teil ihrer Stützfunktion verlieren können.

Die Zeit zum Vortrocknen hängt natürlich von verschiedenen Faktoren wie Außentemperatur und Luftfeuchtigkeit ab. Richtig vorbereitet sind die Forellen, wenn sich ihre Haut seidig trocken anfühlt. Eine runzlige, harte Haut ist auf alle Fälle zu vermeiden, da diese während der Garphase schlecht »atmet« – also verdampfende Feuchtigkeit nicht gut durchlassen kann. Matschiges Fleisch ist die Folge.

3. Vorheizen

Während die Fische vortrocknen, nutzt Alfred die Zeit, um den Ofen auf ca. 80 °C vorzuheizen. Der Gasbrenner wird gezündet und das Sägemehl schon einmal parat gestellt.

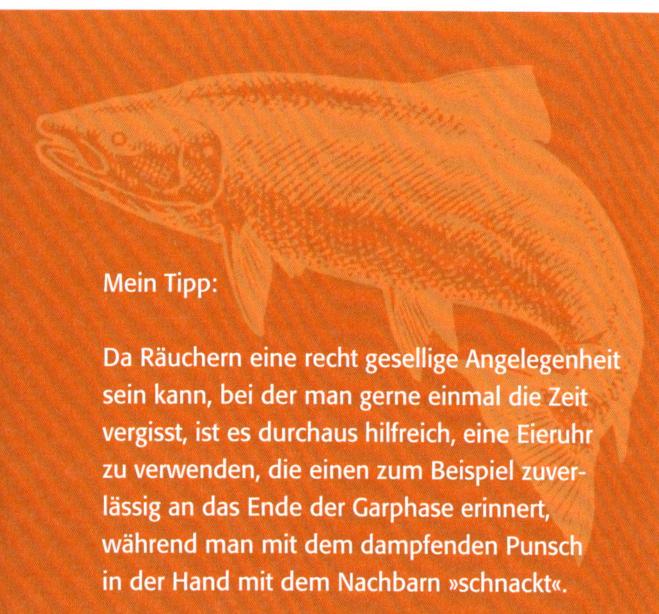

Mein Tipp:

Da Räuchern eine recht gesellige Angelegenheit sein kann, bei der man gerne einmal die Zeit vergisst, ist es durchaus hilfreich, eine Eieruhr zu verwenden, die einen zum Beispiel zuverlässig an das Ende der Garphase erinnert, während man mit dem dampfenden Punsch in der Hand mit dem Nachbarn »schnackt«.

Hierbei verrät er mir einen Trick: Um über einen längeren Zeitraum eine gute Rauchentwicklung zu haben, benutzt er nicht nur Sägemehl, sondern bestückt den Ofen zusätzlich mit dünnen Buchenscheiben. So kokelt zuerst das Räuchermehl und später das feste Holz. Auf diese Weise erspart er sich ein späteres Nachschütten von Sägemehl und damit einen Temperaturabfall in der Räucherkammer.

4. Und los!

Nach einer guten Stunde sind die Fische fertig für den Ofen. Alfred hängt die Fische ein und achtet dabei penibel darauf, dass die Fische Kontakt weder mit den Ofenwänden noch untereinander haben. Helle Stellen und unappetitliche Flecken könnten sonst die Folge sein. Wenn alle Forellen gut hängen, wird ein Haufen aus Sägemehl und Holzscheiben im Ofen über dem Brenner positioniert, die Tür geschlossen und der Räuchergang beginnt.

Alfred verzichtet auf eine kurze Garphase bei über 100 °C. Er räuchert seine Fische ca. 90 Minuten bei 80 °C durch. Während die Fische im Rauch hängen, überprüft Alfred ab und an die Temperatur und bereitet die nächste Ofenladung vor.

5. Fertig

Eineinhalb Stunden später leuchten uns beim Öffnen des Ofens goldene Forellen entgegen. Das Ergebnis kann sich wirklich sehen und riechen lassen! Die Zusammenstellung des Rauchmittels war optimal.

LINKS: Für ein gleichmäßiges Räucherergebnis spreizen Sie den Bauchbereich einfach mit einem Zahnstocher.

RECHTS: Das Ergebnis kann sich sehen und riechen lassen. Der Räuchermeister ist zufrieden!

Verschiedene Varianten

Möglichkeit Nr. 1: Die vorgetrockneten Fische werden bei 80 °C in den Ofen gehängt und während der ca. 90 Minuten gegart und gleichzeitig geräuchert.

Der Vorteil liegt hier ganz klar in der Einfachheit und der recht kurzen Zeit, die es braucht, den Gästen frischen Räucherfisch servieren zu können. Befürworter dieser Methode sind auch der Meinung, dass die Fische aufgrund der niedrigeren Temperatur besser schmecken, da sie schonender gegart wurden. Sie kommt auch dann zum Einsatz, wenn im größeren Stil geräuchert wird, da man bei dieser Methode fortlaufend Fische nachhängen kann, während man die bereits fertigen entnimmt.

Nachteilig ist, dass sich aufgrund der etwas niedrigeren Temperatur die Fischhaut nicht weit genug zusammenzieht und sich deshalb die Bauchlappen weniger weit öffnen und so die Innenseite nicht optimal Raucharoma annehmen kann. Dies lässt sich jedoch mit dem auf Seite 92 beschriebenen Zahnstochertrick wirkungsvoll umgehen.

Aale taucht man für ein paar Sekunden in ca. 90 °C warmes Wasser (nicht kochend). Die Fischhaut zieht sich hierbei zusammen und die Bauchlappen spreizen sich weit auseinander. Da die Schlängler von Hause aus einen recht hohen Fettanteil haben, ist es übrigens sinnvoll, Aale bei einer etwas geringeren Temperatur zu garen. Auf diese Weise verflüssigt sich weniger Fett, das sich während des Räuchergangs im Schwanzende sammelt und von dort aus in den Ofen laufen kann.

Möglichkeit Nr. 2 besteht aus Gar- und darauffolgender Räucherphase, mehr dazu erfahren Sie beim Beispiel: »Räuchern in einem holzbetriebenen Ofen«.

Räuchern in einem holzbetriebenen Ofen

Im Anschluss an einen erfolgreichen Ausflug an einen Forellensee schmeißt Benni den Holzofen an, um seine Beute zu vergolden. Neben den fangfrischen Forellen landen auch ein paar Aale im Ofen, die er in den vergangenen Wochen überlistet und eingefroren hatte.

1. Fische vortrocknen

Benni hängt die gesalzenen und gesäuberten Fische zum Vortrocknen an einen Wäscheständer. Damit keine Fliege eine Chance bekommt, ihre Eier auf die zukünftigen Lebensmittel zu legen, schützt er sie mit einem Fliegennetz.

2. Feuer frei

Jetzt kann der Ofen angefeuert werden. Vor jedem Räuchergang ist es sinnvoll, die Tonne erst einmal gut durchzubrennen, auf diese Weise werden eventuell vorhandene Fettreste vom vorherigen Räuchergang sowie mit der Zeit

UNTEN: Feuern Sie den Ofen vor dem Räuchergang einmal kräftig durch. Das entfernt Fettreste und Staub.

angesammelter Staub wirksam beseitigt und nicht erst dann, wenn die Fische bereits im Ofen sind.

Vorsicht bei gemauerten Steinöfen: Übertreiben Sie es bitte nicht mit dem Ausbrennen, bei zu großer Hitze besteht die Gefahr, dass die Steine reißen! Fabrikneue Metallöfen müssen dagegen gründlich ausgebrannt werden, da hier viele mineralische Fette und andere Schadstoffe am Material haften können.

3. Gute Glut

Zwecks Rußvermeidung lässt Benni das Feuer komplett herunterbrennen und zündet etwas zeitversetzt ein zweites Feuer in einem Blecheimer, dessen Glut er dann bei Bedarf später nachlegen kann.

Bei einem holzbetriebenen Ofen ist es etwas knifflig, die richtige Menge Holz zu finden, über deren Glut die Fische später ungefähr 20 Minuten garen können. Im Zweifelsfall sollten Sie besser etwas zu viel Glut erzeugen als zu wenig. Mit einem Schäufelchen oder einem großen Löffel lässt sich bei zu hoher Temperatur dann schnell etwas Glut entfernen. Wer sich nicht sicher ist, ob er gegen Ende der Garphase genug Glut zur Verfügung haben wird, zündet in einem Metalleimer und im Grill etwas zeitversetzt ein »Reservefeuer«, dessen Glut sich bei Bedarf ebenfalls umschippen lässt.

OBEN: Der Flossentest: Sobald sich die Flosse recht einfach herausziehen lässt und das Fleisch um die Gräten herum weiß und fest ist, ist die Garphase abgeschlossen.

UNTEN: Damit verdunstende Flüssigkeit gut abziehen kann, bleibt der Ofendeckel beziehungsweise der Schornstein während der Garphase leicht geöffnet.

RECHTS: So sieht eine perfekte Glut für die Garphase aus.

4. Garphase

Sobald sich die Haut der Fische seidig trocken anfühlt, hängt Benni als Erstes die Forellen zum Garen in den 100 Grad heißen Ofen. Damit verdunstende Flüssigkeit gut abziehen kann, bleibt der Ofendeckel bzw. der Schornstein während der Garphase leicht geöffnet. Bereits nach kurzer Zeit zieht sich die Haut der Fische zusammen und der Bauchbereich öffnet sich – optimale Voraussetzungen, unter denen später der Rauch seine Wirkung entfalten kann. Die Aale folgen ein paar Minuten später, da sie wegen ihres geringeren Durchmessers etwas weniger Zeit zum Garen brauchen.

Tipp: Aale kann man zwar auch vortrocknen, aber die gängigste Methode bei diesen Fischen ist das Heiß-Nass-Garen. Die Fische werden also mit feuchter Haut in den Ofen gehängt.

Die einfachste Art zu überprüfen, ob der Fisch fertig gegart ist, ist der Flossentest: Einfach vorsichtig mit Daumen und Zeigefinger an der Rückenflosse zupfen. Sobald sich diese recht einfach herausziehen lässt und das Fleisch um die Gräten herum weiß und fest ist, ist die Garphase abgeschlossen. Bei leicht glasigem Fleisch braucht es noch ein paar Minuten. Einsteiger testen zu Beginn ihrer Karriere lieber etwas häufiger, denn schnell wird der Fisch im Ofen auch zu trocken. Gut beraten ist der, der ein paar Fische im Ofen hängen und dadurch genügend Testflossen zur Verfügung hat.

5. Räucherphase

Der Fisch ist gar, das Räuchern kann beginnen. Jetzt muss die Temperatur gedrosselt und Rauch erzeugt werden. In diesem Fall ist die Glut bereits so heruntergebrannt, dass die Temperatur deutlich nachgelassen hat (hier liegt dann

Das Räuchern mit Gar- und Rauchphase

Die Garphase findet bei Temperaturen zwischen 100 und 110 °C statt. Anschließend folgt die Rauchphase zwischen 40–60 °C.

Hierbei gilt grundsätzlich: so wenig Feuer wie nötig! Idealerweise sollte die Garphase ausschließlich über Glut stattfinden. Dies funktioniert wunderbar bei gut vorgeheizten Stein- oder gut isolierten doppelwandigen Metallöfen.

Der Benutzer eines einfachen Blechofens wird es gerade im Winter schwer haben, 20 Minuten die nötige Hitze zu halten. Durch Nachlegen von Holz und Anfachen des Feuers kann zwar leicht erneut Temperatur erzeugt werden. Jedoch bedeutet jede offene Flamme auch eine zusätzliche Rußentwicklung, welche die Fischqualität immer negativ beeinträchtigt. Zum einen bekommt die Fischhaut eine unschöne, dunklere Farbe, zum anderen ist Ruß bekannterweise auch gesundheitsschädlich.

Lassen Sie sich davon aber nicht ins Boxhorn jagen, sondern achten Sie, wie bereits ausgeführt, darauf, die Feuerzeiten möglichst kurz zu halten, und verwenden Sie vor allem klein gehacktes, gut abgelagertes und schimmelfreies Holz!

der Vorteil bei einer nicht isolierten Blechtonne). Falls zu viel Glut vorhanden sein sollte, um eine ideale Räuchertemperatur bei 50–60 °C zu erreichen, kann man mit einem Metallschäufelchen einfach etwas Glut aus dem Feuerkasten schippen. Für eine kräftige Rauchentwicklung wird nun die verbliebene Glut mit dünnen Holzscheiten bedeckt und die Sauerstoffzufuhr von unten so weit gedrosselt, dass kein Feuer mehr entstehen kann.

Das Holz beginnt zu schwelen und erzeugt nun den gewünschten Rauch. Damit dieser auch schön im Ofen bleibt, wird der Deckel/Kamin weitestgehend, aber nicht ganz geschlossen, da im Ofen immer noch etwas Zug vorhanden sein muss, sodass das Holz schön weiter glimmen kann. Würde die komplette Luftzirkulation jetzt unterbrochen werden, also Deckel und Feuerkasten komplett geschlossen, wäre der Ofen im wahrsten Sinne des Wortes ganz schnell aus. Diese Tatsache kann man sich aber prima zunutze machen, falls sich das Feuer doch unbeabsichtigt entfachen sollte.

6. Fertig!

Über die Zeit, welche die Fische im Rauch verbringen, entscheidet der eigene Geschmack des Räuchermeisters – oder der seiner Auftraggeber. Bei guter Rauchentwicklung sind die Fische nach 50 bis maximal 90 Minuten fertig vergoldet. Auch hierbei ist zu bedenken, dass mit der Zeit im Rauch stets die ungewünschte Schadstoffbelastung steigt.

Wenn alles geklappt hat, ist es ratsam, das Räuchergut erst einmal langsam abkühlen zu lassen. Falls kein zweiter Räuchergang geplant ist, eignet sich der Ofen dafür bestens. Vergessen Sie aber nicht, die Feuerlade herauszuziehen. Im Sommer sollte man immer direkte Sonneneinstrahlung vermeiden. Auf keinen Fall sollten Sie den noch warmen Fisch luftdicht in eine Tüte packen! Dabei würde Kondenswasser entstehen, welches das Fleisch schnell matschig werden lässt und zudem unerwünschte Bakterienbildung begünstigt.

RECHTS: Bei guter Rauchentwicklung sind die Fische nach 50 bis maximal 90 Minuten fertig vergoldet.

Räucherpannen

Bis der Fisch vergoldet auf dem Teller liegt, sind recht viele handwerkliche Arbeitsschritte notwendig. Angefangen beim Schlachten, Transportieren und Einlegen der Fische über das Auswählen des optimalen Räuchermittels bis hin zur Zubereitung im Ofen. Wo viel gearbeitet wird, können leider auch einige Pannen passieren!

Als ob das nicht schon reichen würde, kommt erschwerend hinzu, dass jeder Ofen seine ganz individuellen Macken hat, die vom Räuchermeister beherrscht sein wollen. Lassen Sie sich aber nicht unterkriegen, die meisten Missgeschicke sind eher harmloser Natur. Die häufigsten Räucherpannen sowie praktische Tipps zu deren Vermeidung sind hier zusammengefasst:

Problem 1: Trockener Fisch

Ob der Räucherfisch zu trocken ist oder nicht, entscheidet als Allererstes der persönliche Geschmack. Falls aber auf Ihrem Teller runzelige Fische liegen, deren Fleisch sich nur schwer von der Mittelgräte lösen lässt, ist bei Ihrem Räuchergang etwas schiefgelaufen. Der Fisch wurde zu lange und/oder zu heiß gegart oder er hing zu lange im Rauch.

- Beim nächsten Mal mit dem »Flossentest« etwas früher prüfen, ob der Fisch gar ist.
- Den Fisch maximal 90 Minuten im Rauch hängen lassen.
- Je nach Ofen hilft es auch, den Schornstein bzw. Ofendeckel während des Räuchergangs etwas weiter zu schließen, damit nicht zu viel Luft durch den Ofen zieht, die dem Fisch Feuchtigkeit nimmt. Auch die Drosselung der Luftzufuhr von unten kann helfen.

LINKS: Hier hat alles gepasst. So sollten perfekt gegarte Aale aussehen – die Räucherphase kann beginnen.

Problem 2: Matschiger Fisch

Lassen Sie sich nicht irritieren, ofenwarmer Fisch ist immer etwas weicher als bereits abgekühlter. Wenn Ihr Werk aber auch nach einem Tag im Kühlschrank eine matschige Konsistenz hat, haben Sie etwas falsch gemacht. Meistens ist Kondenswasser im Spiel – verschiedene Fehler können die Ursache sein:

- Sie haben die Fische nicht optimal abkühlen lassen und noch warm in eine Tüte verpackt. In diesem Fall ist Kondenswasser die Ursache. Ein weiteres Problem: Das feuchte Milieu ist eine hervorragende Brutstätte für Keime und Bakterien. Geben Sie Ihren Fischen das nächste Mal mehr Zeit zum Abkühlen.
Im Winter ist es ratsam, das Räuchergut langsam im Ofen abkühlen zu lassen, anstatt es dampfend in die klirrende Kälte zu hängen.
- Während der Garphase war der Luftzug im Ofen unzureichend, sodass Wasserdampf nicht abziehen konnte. Sichere Indikatoren dafür sind ein feuchter bis schmieriger Belag auf dem Fisch direkt nach dem Räuchergang sowie Wassertropfen an Decken und Wänden. Deshalb immer auf eine gute Lüftung im Ofen achten! Aber auch hier hilft viel nicht zwangsläufig viel! (Siehe »Trockener Fisch«).
- Die Zeit des Vortrocknens war zu lang. Die Fischhaut ist dermaßen ausgetrocknet, dass sie während des Räuchergangs keine Feuchtigkeit mehr durchlassen konnte. Achten Sie immer darauf, dass während des Vortrocknens die Fischhaut schön geschmeidig bleibt, und vermeiden Sie es, den Fisch starkem Wind auszusetzen. Ansonsten kann der Fisch auch einseitig zu trocken werden.

OBEN: Hier kann man gut sehen, dass die kurzen Plattfische wunderbar gelungen sind, während die langen Aale über dem Feuer etwas gelitten haben. Insgesamt hat es aber trotzdem geschmeckt!

OBEN LINKS: Hier ist zu viel Feuchtigkeit verloren gegangen. Dieser Fisch ist zu trocken.

MITTE: Wegen zu großer Hitze ist eine Ofendichtung verschmort – wenn dabei Fische im Qualm hingen, sind diese leider nicht mehr genießbar.

UNTEN: Ein Thermometer sollten Sie regelmäßig auf seine Genauigkeit hin überprüfen.

Problem 3: Fisch ist nicht gar

Dieses Problem gibt es oft bei größeren Fischen. Von außen sieht alles so weit gut aus, die Rückenflosse ließ sich »ordnungsgemäß« lösen, aber leider ist das Fleisch um die Wirbelsäule herum noch etwas glasig und lässt sich nicht lösen. Ursache: Die Garzeit war zu kurz!

- Schnelle Hilfe gibt es im Backofen: Heizen Sie diesen auf 100 °C vor, um dann das Räucherwerk ein paar Minuten nachgaren zu lassen.

Problem 4: Geplatzte Haut

Gerade bei langen Aalen ist es schnell passiert: Die Haut im Schwanzbereich platzt und das gute Fleisch darunter wird zu trocken. Für geplatzte Fische ist immer eine zu hohe Temperatur verantwortlich.

- Während der Garphase darf die Temperatur 120 °C nicht überschreiten. Falls laut Thermometer alles o.k. war, sollten Sie als Erstes einmal dessen Genauigkeit überprüfen – geraden die günstigen Modelle büßen über die Jahre an Präzision ein.
- Die Fische müssen von der Länge in den Ofen passen! Wenn bei holzbetriebenen Öfen die Aalenden zu nah über der heißen Glut hängen, sind beschädigte Fische vorprogrammiert. In diesem Fall müssen Sie sich entweder einen größeren Ofen anschaffen oder Sie lassen in Zukunft alle Aale ab 70 Zentimeter Länge wieder schwimmen.

Problem 5: Der Fisch schmeckt »komisch«

Falls Ihr Räucherfisch merkwürdig riecht und/oder schmeckt und die Ursache hierfür definitiv nicht in der experimentierfreudig angerührten Lake zu finden ist, sollten Sie vorsichtig sein! Eventuell hatten Sie falsches, gesundheitsgefährdendes Räuchermittel im Einsatz.

- Räuchermehl und Holz müssen unbedingt trocken und frei von Pilzen und Schimmel sein!

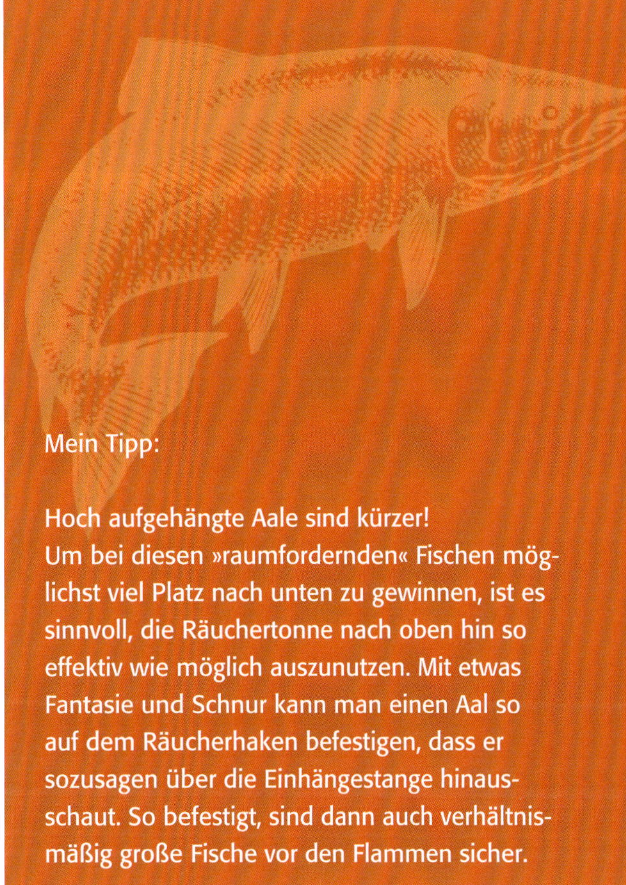

Mein Tipp:

Hoch aufgehängte Aale sind kürzer!
Um bei diesen »raumfordernden« Fischen möglichst viel Platz nach unten zu gewinnen, ist es sinnvoll, die Räuchertonne nach oben hin so effektiv wie möglich auszunutzen. Mit etwas Fantasie und Schnur kann man einen Aal so auf dem Räucherhaken befestigen, dass er sozusagen über die Einhängestange hinausschaut. So befestigt, sind dann auch verhältnismäßig große Fische vor den Flammen sicher.

- Am Holz anhaftende Lackreste gehören keinesfalls in den Ofen. Gleiches gilt für Kunst- und Klebstoffe.
- Beziehen Sie Ihr Räuchermehl bitte nur aus absolut vertrauenswürdigen Quellen! Es nützt nichts, wenn Sie einen Sack Buchenmehl von einem freundlichen Tischler geschenkt bekommen, der es zwar gut meint, aber nicht wusste, dass zwischendurch der Lehrling mit einer kunstharzverleimten Spanplatte an der Säge zugange war.
- Vergessen Sie auch keinesfalls, Ihren neuen Ofen gründlich auszubrennen, bevor Sie ihn mit Lebensmitteln in Betrieb nehmen. Gerade an den Metallflächen von industriell gefertigten Metallöfen befinden sich häufig noch Fette, welche die Oberflächen vor Korrosion schützen sollen.

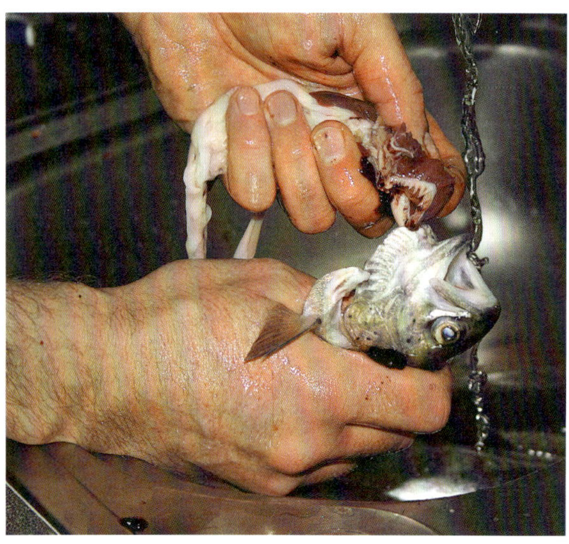

Problem 6: Streifen

Mit Streifen verhält es sich genau wie mit den hellen Flecken: Sie sehen unschön aus, haben aber meist keinen Einfluss auf die Qualität der Ware.
Es gibt zwei Ursachen für Streifen: auslaufendes Blut und herabtropfendes Kondenswasser.

- Die häufigste Ursache für Streifen sind Blutreste, die während der Garphase aus dem Kiemenbereich austreten und dann an der Flanke des Fisches herablaufen. Um dies zu vermeiden, müssen bereits vor dem Einlegen immer die kompletten Kiemenbögen der Fische entnommen werden. Mit etwas Übung gelingt dies mit einem einzigen Griff (siehe Foto).
Nach dem Bad in der Lake sorgt eine gründliche Spülung unter fließendem Wasser dafür, dass auch die allerletzten Reste verschwinden.
- Des Weiteren kann sich infolge einer unzureichenden Lüftung innen am Ofendeckel teerhaltiges Kondenswasser bilden. Tropft dieses dann auf einen Fisch, bekommt dieser über die Zeit dunkle »Rallyestreifen«. Dieses Problem kann auch bei zu langen Metallkaminrohren entstehen. Wenn das Teer-Wasser-Gemisch dann auch noch in das Fischinnere gelangt, kommt zu der unschönen Optik zusätzlich ein scharfer Geschmack. Diese Stellen sollten auf jeden Fall großzügig entfernt werden.

Problem 7: Rußige Fische

Gerade Holzräucherer kennen das Rußproblem: Die Fische sind (meist im Rückenbereich) mit einem dunklen Schleier überzogen. Zu der unschönen Optik kommt in

OBEN: Streifen sehen zwar unschön aus, haben aber meist keinen Einfluss auf die Qualität der Ware.

UNTEN: Mit etwas Übung gelingt das Entnehmen der Kiemen mit einem einzigen Griff.

diesem Fall auch noch, dass dieser Kohlenstoff gesundheitsgefährdend ist.

- Grundvoraussetzung für einen möglichst geringen Rußanteil ist das richtige Holz. Es sollte harzfrei und trocken sein. Bedenken Sie, dass nicht nur Nadelbäume, sondern auch Obstsorten verhältnismäßig viel Harz enthalten können. Auch Birkenrinde ist im Räucherfeuer zu vermeiden, da sie sehr viele Rußerzeuger enthält.
- Jeder Ofen sollte vor dem Räuchergang für ein paar Minuten gründlich erhitzt werden. Das gilt nicht nur für neue Geräte, sondern auch für Gebrauchtöfen. Auf diese Weise sind alte, getrocknete Fischreste, »Insektenmumien«, Staub und Spinnenweben schon verkohlt, bevor Sie Ihre Fische in den Ofen hängen.
- Rußige Fische können auch schnell durch offene Flammen im Ofen entstehen. Deshalb ist es wichtig, die Fische ausschließlich über Glut zu garen und ein Anfachen des Feuers während der Räucherphase zu vermeiden. Wenn sich während der Räucherphase Flammen bilden, ist die Ursache hierfür meist eine Kombination aus zu großer Hitze und zu viel Sauerstoff. Also schnell die Luftzufuhr drosseln und mit etwas Holz und/oder Sägemehl die Flammen löschen!

Problem 8: Eingerollte Bauchlappen

Wenn während der Garphase alles optimal verläuft, stellen sich, nachdem die Fische in den Ofen gehängt wurden, die Bauchlappen schön nach außen. Der Fisch spreizt sich und kann von allen Seiten optimal die Raucharomen annehmen. Falls sich die Bauchlappen nach innen gerollt haben, war die Gartemperatur während der ersten paar Minuten zu niedrig. Zwar behindern eingerollte Bauch-

RECHTS: Die beiden rechten Aale sind gut gelungen – die Bauchlappen haben sich gut gespreizt. Die beiden linken kamen etwas später in den Ofen und haben nicht genug Hitze abbekommen.

lappen auch ein wenig die Zirkulation des Rauches im Bauchbereich der Fische, aber diese Panne ist für das Endergebnis eigentlich nur ein optischer Fehler, der sich beim nächsten Mal leicht beheben lässt.

- Die Bauchlappen spreizen sich schön nach außen, wenn die Fische nach dem Vortrocknen in einen gut vorgeheizten Ofen (100–110 °C) gehängt werden. Innerhalb von wenigen Minuten rollen sich dann die Bauchpartien nach außen und die Temperatur kann ein wenig gedrosselt werden. Machen Sie also nicht den Fehler, die Fische langsam im Ofen zu erhitzen!
- Aale lassen sich sehr gut mit einem heißen Wasserbad in Form bringen. Einfach den Aal kurz durch 80–90 °C heißes Wasser ziehen und schon spreizen sich die Bauchlappen schön nach außen, weil die Fischhaut sich zusammenzieht.

Problem 9: Die Fische sind nicht gleichmäßig durchgegart

Ungleichmäßig gegarte Fische können verschiedene Pannen als Ursache haben. Hierbei müssen Sie herausfinden, ob das Problem am Ofen liegt oder ob Sie Ihre »Räucherlogistik« verbessern müssen (siehe auch Problem 3).

- Wer unterschiedlich schwere bzw. dicke Fische in den Rauch hängt, muss natürlich die Garzeiten entsprechend anpassen, denn die dreipfündige Lachsforelle kann schon eine halbe Stunde brauchen, bis sie durch ist. Der zeitgleich eingehängte 40 Zentimeter lange Aal hat sich nach dieser Zeit jedoch schon fast zum Trockenfisch verwandelt.

LINKS: Mit etwas Übung lassen sich große und kleine Fische auch parallel räuchern. Die Forelle wird etwas später zum Garen in den Ofen gehängt.

RECHTS: Flecken entstehen meist, wenn sich Fische im Ofen berühren. Schaffen Sie mehr Platz.

Wer unterschiedliche Fische zusammen räuchern möchte, braucht ein gewisses Fingerspitzengefühl. Der Anfänger ist gut beraten, wenn er sich für seine ersten Versuche auf einheitliche Fischkaliber beschränkt.

- Sind nach einem Räuchergang von mehreren gleich großen Fischen einige Exemplare trotz identischer Behandlung weniger gar als andere, kann die Ursache hierfür am Ofen liegen. So kann es beispielsweise sein, dass der heiße Luftstrom nicht gleichmäßig alle Fische im Ofen erreicht. In diesen Fällen müssen Sie mit der Luftzufuhr, dem Schornstein, der Positionierung des Gasbrenners oder der Größe der Feuerlade experimentieren, denn jeder Ofen funktioniert ein bisschen anders.

Problem 10: In den Fischenden sammelt sich Fett

Besonders bei Aalen ist es schnell passiert: Im Schwanzbereich sammelt sich eine Fettblase. Aber auch bei anderen fettreichen Fischen beginnt während des Räucherganges schon mal das Fett zu fließen. Das Symptom ist schnell behoben: Mittels der Spitze eines Messers oder Räucherhakens wird die Fettblase einfach eingestochen, damit die Flüssigkeit ablaufen kann. Auch die Ursachenbehebung für diese Panne ist denkbar einfach:

- Verflüssigendes Fett ist immer die Folge von zu hoher Temperatur. Fettige Fische wie Aal, Lachs und große Forellen sollten eher bei 90 °C als bei 120 °C gegart werden.
- Die Ofengröße muss zu den Fischgrößen passen (siehe Problem 4).

Problem 11: Flecken

Das Räuchergut ist ungleichmäßig gefärbt, die Fische haben helle Stellen. Auch wenn ein heller Fleck kein wirkliches Problem in Hinsicht auf Qualität und Geschmack ist, sieht er doch unschön aus. Der Grund dafür ist schnell gefunden.

- Der Fisch hatte im Ofen Kontakt zur Ofenwand oder zu einem Nachbarfisch. Das nächste Mal immer auf etwas Abstand achten oder einen größeren Räucherofen bauen!

Problem 12: Die Fische sind nicht gleichmäßig gesalzen

Am ehesten tritt diese Problematik beim Trockensalzen oder bei der Verwendung einer gesättigten Salzlösung auf.

- Große Fische (ab 1 kg) aufgetaut in die Lake geben, da die großen Muskelpartien je nach Außentemperatur auch nach ein paar Stunden noch gefroren sein können und dort kein Salz einziehen kann.
- Bei Minustemperaturen darf die Lake nicht draußen stehen. Die zunächst ungesalzenen Fische können in der Lake einfrieren und nehmen dann kein Salz mehr auf.

Problem 13: Die Fische sind plötzlich weg

Viele Hobby-Räucherer kennen dieses Phänomen: Schon direkt nach dem Räuchergang fehlen die ersten Fische. Von einem Dutzend Forellen ist schnell die Hälfte weg und selbst aus dem sicher geglaubten Kühlschrank verschwindet auf mysteriöse Weise über Nacht die allerletzte Lachsschnitte. Die einzigen Indizien sind Teller mit Fischresten und fettigen Fingerabdrücken sowie verdächtig freundliche Nachbarn und Familienmitglieder… Ihre geräucherten Fische sind einfach zu gut!

Kalte Küche – Spezialfall Beizen und Kalträuchern

Leider beschränken sich viele Hobbyräucherer lediglich auf das Heißräuchern. Das Kalträucherverfahren gilt bei vielen als anspruchsvoll und kompliziert. Zu Unrecht! Kalträuchen ist nur kompliziert, wenn man im Sommer damit beginnen möchte. Es werden dann spezielle Systeme benötigt, die für kühlen Rauch sorgen, da wir beim Kalträuchern Temperaturen unter 25 °C brauchen! Das ist ein unmögliches Unterfangen, wenn im Sommer die Sonne auf den Ofen scheint.

Sobald jedoch im Herbst das Thermometer regelmäßig unter 10 °C bleibt, ist die Veredelung von Filets im kalten Rauch vom materiellen Aufwand sogar einfacher als ein Heißräuchergang. Sie brauchen lediglich etwa drei Tage Zeit, bis Sie Ihren Fisch genießen können – aber keine Angst, mit der richtigen Organisation muss niemand dafür sein Feldbett vor dem Räucherofen aufschlagen!

Welche Fische eignen sich?

Wenn wir Lachs serviert bekommen, dann ist dieser meistens entweder gebeizt oder kaltgeräuchert. Das Fleisch ist nicht durchgegart, sondern roh und hat im Vergleich zu heißgeräucherter Ware einen sehr feinen und delikaten Geschmack. Zum Kalträuchern und Beizen eignen sich prinzipiell alle Fische mit einem etwas höheren Fettanteil mit Ausnahme des Aals. Am beliebtesten sind eindeutig Filets von großen Salmoniden: Lachse, See- und Meerforellen aber auch dicke Lachsforellen aus dem Angelpark lassen sich prima beizen und im kalten Rauch veredeln.

LINKS: Ein beliebter Fisch zum Kalträuchern ist der Lachs. Hier mit etwas Meerrettich und Dill verfeinert, wer kann da widerstehen.

Achtung, Würmer!

Bei der Verarbeitung von rohen Fischen ist eine Wurmprophylaxe notwendig! Nematoden oder Fadenwürmer sind einer der artenreichsten Stämme im Tierreich. Einige dieser unsympathischen Tierchen leben parasitär in Fischen. Am häufigsten sind Meeresfische befallen. Deshalb kann es durchaus sein, dass Ihre hart erkämpfte Meerforelle leider von einigen Würmchen bewohnt wird. Damit Sie am Ende der Nahrungskette nicht auch noch ungewollt Probleme mit diesen Biestern bekommen, gibt es drei Dinge, die zu beachten sind:

1. Zeitiges Ausnehmen!

Da sich die ein bis zweieinhalb Zentimeter langen Würmer hauptsächlich im Magen-Darm-Trakt und in der Bauchhöhle der Fische aufhalten, ist es ratsam, diese so zügig wie möglich auszunehmen. Fachleute schließen mittlerweile zwar aus, dass Würmer bei einem getöteten Fisch aus den Innereien in das umliegende Muskelgewebe umziehen, aber ich fühle mich besser, wenn sich die kleinen Schmarotzer außerhalb meiner zukünftigen Nahrung befinden. Darüber hinaus halte ich stets die Bauchlappen gegen die Sonne und überprüfe diese auf Wurmhinweise. Falls ich dort verdächtige Stellen entdecke, schneide ich diese einfach ab! In der Dunkelheit gefangene Fische werden daheim vor einer starken Lampe kontrolliert.

2. Fische durchgaren!

Bei einer Kerntemperatur von 70 °C sterben Nematoden nachweislich ab. Sie können also bedenkenlos ihre fang-

Mein Tipp:

Aus logistischen Gründen friere ich meine Lachsfilets zum Abtöten eventuell vorhandener Nematoden erst dann ein, wenn ich mit dem Beizen und/oder Räuchern fertig bin. Für einen späteren Verzehr muss der Fisch also nicht ein zweites Mal eingefroren werden und behält auf diese Weise eine bessere Qualität. Der Nachteil hierbei ist, dass man sich für ein erstes Testessen noch zwei Tage gedulden muss, damit der Fisch richtig durchfrieren kann. Um eine bestmögliche Qualität beizubehalten, wird der fertige Fisch hierfür vakuumiert.

frischen Dorschfilets direkt nach dem Fang in der Pfanne brutzeln oder die Makrelen am selben Abend im Räucherofen vergolden. Da korrekt heißgeräucherter Fisch über einen längeren Zeitraum Temperaturen über 80 °C ausgesetzt wird, ist damit »wurmsicher«.

3. Ab in die Truhe!

Wer Seefische roh verzehren, also beizen und kalträuchern möchte, muss bedenken, dass ein Salzbad und oder kalter Rauch die Parasiten nicht abtötet. Laut offizieller Fischhygieneverordnung muss roher Fisch vor der Verarbeitung mindestens einen Tag unter minus 20 °C eingefroren werden – diese Tiefgefrierbehandlung tötet Parasiten ab.

UNTEN: Um eine bestmögliche Qualität beizubehalten, wird der fertige Fisch vor dem Einfrieren vakuumiert.

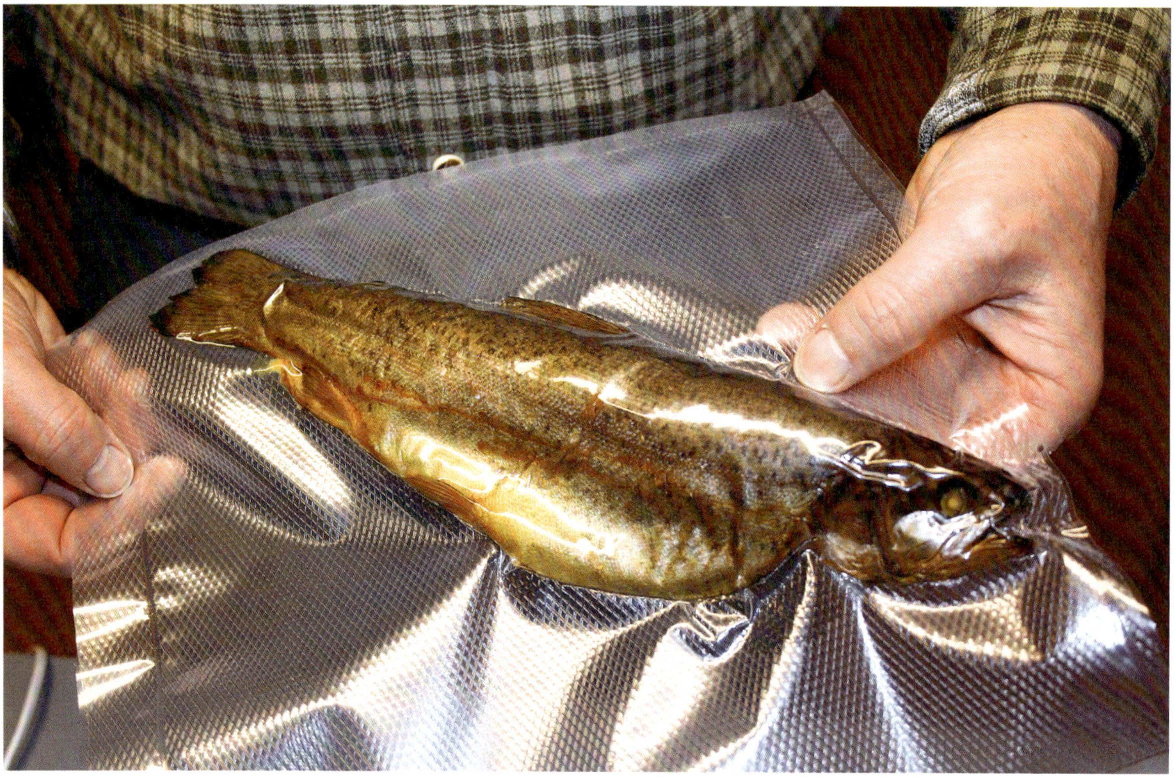

Einen Fisch richtig filetieren

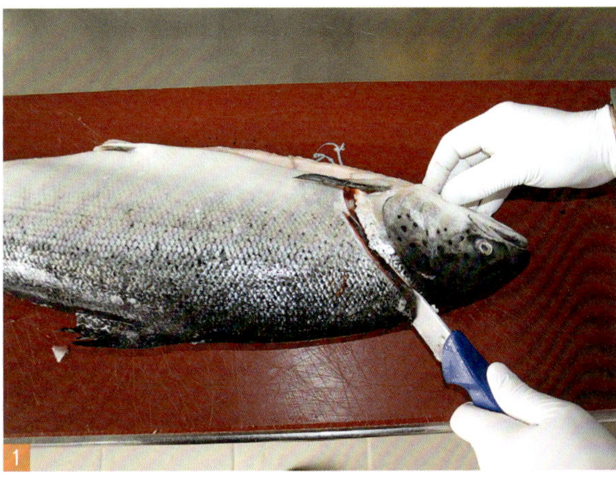

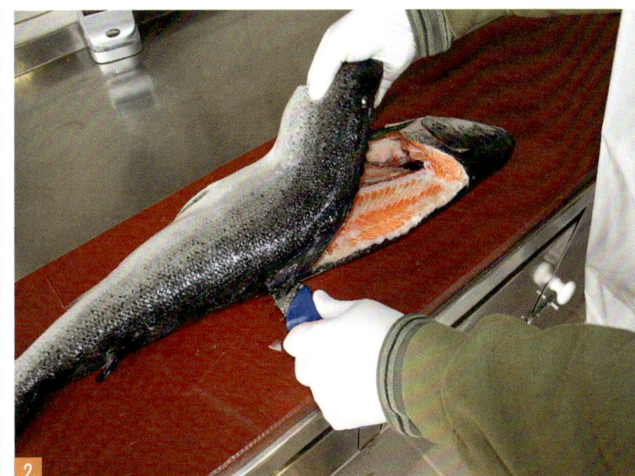

1 Der Fisch wird mit einem Messer hinter dem Kiemendeckel bis auf die Wirbelsäule eingeschnitten.

2 Anschließend wird die scharfe(!) Klinge entlang der Wirbelsäule bis zum Fischende geführt. Mit der anderen Seite verfahren Sie entsprechend. Die verbliebenen Bauchgräten werden einfach mit einem flachen Schnitt herausgeschärft.

3 Im Rückenstück befinden sich dann noch kleine Gräten, die sich leicht mit einer speziellen Grätenzange in Wuchsrichtung aus dem Filet zupfen lassen.

4 Eventuell vorhandene braune Fettstellen kann man am Fisch lassen oder entfernen. Ich persönlich schneide sie immer raus, weil sie mir nicht schmecken. Außerdem werden diese Partien bei längerer Lagerung in der Truhe auch als Erstes ranzig.

So vorbereitet, können die Filets übrigens auch in Stücken wunderbar für die Pfanne oder einen Heißräuchergang weiterverarbeitet werden. Die Haut lasse ich immer dran. Sie gibt dem Fleisch guten Halt und Keime haben weniger Angriffsfläche. Am besten eignen sich übrigens Filets ab zwei Pfund zum Kalträuchern

Vor dem Rauch wird gebeizt

Die vorbereiteten Filets werden nun gebeizt. Beizen dient übrigens nicht nur zur Vorbereitung der Filets zum Kalträuchern, sondern ist eine eigene Zubereitungsart. Hierfür braucht es nicht viele Zutaten: Salz, Zucker eventuell ein paar frische Kräuter und eine flache Kunststoffwanne – das untere Gemüsefach vom Kühlschrank ist ebenfalls gut geeignet.

Salz und Zucker werden im Verhältnis 1:1 gemischt. Wer möchte, kann später natürlich auch mit den jeweiligen Mengen etwas experimentieren. So wählen zum Beispiel weniger »Süße« ein Verhältnis von 3:2 zugunsten des Salzes. Man kann seinen Filets etwas Gutes gönnen, indem man braunen Rohrzucker mit grobem Meersalz vermengt – die einfachen Supermarktprodukte funktionieren aber auch bestens.

Ein Teil der Mischung wird in einer großzügigen, ca. zwei bis drei Millimetern dicken Schicht in der Wanne verteilt. Hierauf legen Sie nun die Filets. Wer möchte, garniert nun

RECHTS: Petersilie und Dill sind zum Verfeinern geschmacklich gut geeignet.

UNTEN: Salz, Zucker und eventuell ein paar frische Kräuter sind alle Zutaten, die Sie für einen gebeizten Fisch benötigen.

die »Fleischseite« mit Kräutern. Dill, gemahlener Pfeffer, Wacholderbeeren und Petersilie passen immer gut. Im Internet finden Sie zahlreiche passende Rezeptvorschläge. So ist es beispielsweise auch eine feine Möglichkeit, das Filet anstatt mit gemahlenen Wacholderbeeren mit einem guten Wacholderschnaps zu behandeln.

Der Fisch kommt aber auch ohne Würzung aus. Gerade etwas fetthaltige Filets von lachsartigen Fischen haben einen tollen Eigengeschmack, dem Salz und Zucker als Unterstützung völlig reichen. Wenn Sie mit Ihrer Würzung zufrieden sind, verteilen Sie eine zweite Schicht von der Beizmischung über die Filets. Wer nicht alle Fischstücke in der ersten Schicht »verbaut« bekommt, kann ganz einfach eine zweite Schicht darüber legen. Diese muss dann aber wiederum mit einer Salz-Zucker-Schicht abgedeckt werden.

Wenn alles vorbereitet ist, kann der Fisch kalt gestellt werden. Zu diesem Zweck eignet sich ein kühler Kellerraum oder der auf 6 °C »hochgedrehte« Kühlschrank. Bereits nach ein paar Stunden bildet sich um den Fisch herum eine zähe Flüssigkeit – ein gutes Zeichen dafür, dass Ihr Werk zu reifen beginnt. Falls die Filets aufeinandergestapelt in der Wanne liegen, sollte die Flüssigkeit nach 12 Stunden einmal abgegossen werden. Auf diese Weise liegen die unteren Stücke nicht übermäßig in der »Suppe« und Sie erhalten insgesamt ein gleichmäßiges Ergebnis.

Nach etwa 24 bis 36 Stunden Reifezeit im Kühlschrank müssen Sie sich entscheiden, ob Sie mit dem Kalträuchern beginnen oder doch lieber gebeizten bzw. »Graved Lachs« möchten. Unentschlossene machen ganz einfach beides.

OBEN: Die fertige Würzung wird in einer zweiten Schicht über die Filets verteilt.

UNTEN: Sollten noch Filets übrig sein, legen Sie diese einfach in einer zweiten Schicht darauf.

»Graved Lachs«

Wer echten »Graved Lachs« herstellen möchte, verbuddelt die Filets im Garten. Ja, Sie haben richtig gelesen, »Graved Lachs« oder »gravad laks«, wie die Norweger ihn nennen, heißt übersetzt »eingegrabener Lachs«. Die Fische wurden dafür nach dem Ausnehmen für ein paar Tage in mit Beize gefüllten Löchern vergraben. Durch den Druck des dunklen Erdreichs, den Sauerstoffentzug und den wasserentziehenden Effekt des Salzes (osmotischer Druck) setzt ein gutartiger Fäulnisprozess ein: die Fermentation. Nach 3–4 Tagen in der Erde ist der Fisch fertig zum Verzehr.

Seitdem wir Kühlgeräte besitzen, werden Fische aber nicht mehr vergraben. Der Lachs wird zum Beizen kalt gestellt und reift. Er verliert Flüssigkeit und wird fester, eine Fermentierung findet in der Kälte aber nicht statt. Der Name »Graved Lachs« wurde aber übernommen.

Kalträuchern – so geht's

Hierfür nehmen wir ein Filet aus der Wanne, spülen unter kaltem Wasser die Beize gründlich ab und tupfen es mit Küchenkrepp trocken. Um es später wirklich stilecht in den Ofen hängen zu können, kann mithilfe einer Häkelnadel, etwas Kordel und einem Hölzchen eine Halterung gebastelt werden. Ein oder zwei einfache Räucherhaken tun es aber auch. Denken Sie bei der Verwendung von Haken stets daran, dass die Fischhaut den entscheidenden Halt gibt. Da stabilisierende Gräten fehlen, ist es wichtig, den Halt der Haut zu nutzen, indem man den Haken sicher darin verankert. Nun wird das Filet erst einmal eine Stunde getrocknet, derweil können wir mit den Räuchervorbereitungen beginnen.

Zubehör

Alles, was benötigt wird, sind ein Sack Buchenmehl, ein hitzebeständiges Gefäß und eine geeignete Räucherkammer. Als Räucherkammer eignen sich herkömmliche Räuchertonnen, Pappkartons oder kleine Zelte. Die Erfinder unter Ihnen können sich hier richtig austoben. Gasbrenner und Heizspirale werden nicht benötigt. Aus Sicherheitsgründen sollten brennbare Kalträucheranlagen aber stets an Orten aufgestellt werden, an denen sie im Falle eines Falles keinen größeren Schaden anrichten können.

Es kann losgehen

Zuerst wird der Raucherzeuger startklar gemacht. Hierfür füllen Sie Sägemehl in die mindestens drei Liter fassende

OBEN: Mit etwas Kordel und einem Hölzchen lässt sich leicht eine stilechte Halterung basteln.

UNTEN: Auch ein einfacher Pappkarton eignet sich als Räucherkammer.

Vor dem räuchern werden die Flets zunächst etwas zum Trocknen aufgehängt.

Eine »Zündschnur« aus Küchenkrepp bringt das Räuchermehl zum Schwelen.

Bei einer sehr kleinen Räucherkammer muss unbedingt ab und an die Temperatur kontrolliert werden.

Hier war es zu heiß. Die weißen Stellen sind geronnenes Eiweiß. Die Temperatur darf daher nicht über 25 °C ansteigen.

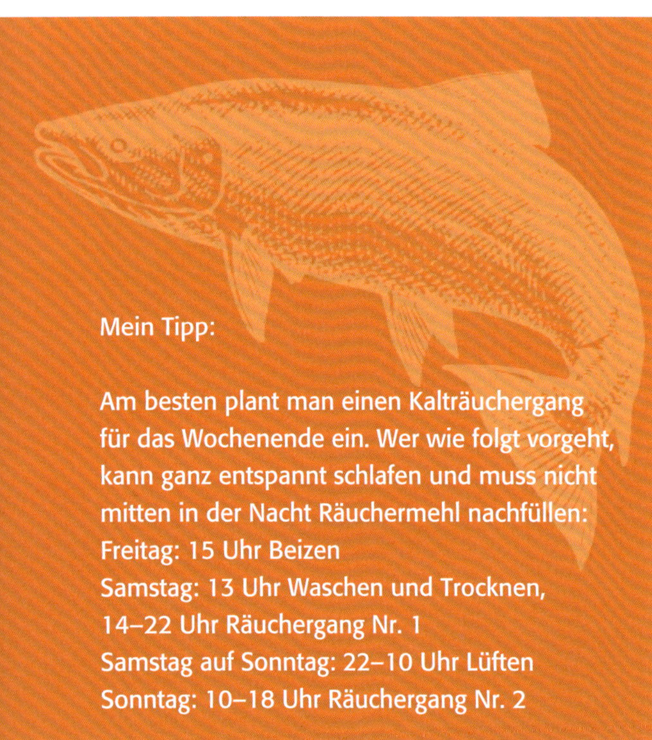

Mein Tipp:

Am besten plant man einen Kalträuchergang für das Wochenende ein. Wer wie folgt vorgeht, kann ganz entspannt schlafen und muss nicht mitten in der Nacht Räuchermehl nachfüllen:
Freitag: 15 Uhr Beizen
Samstag: 13 Uhr Waschen und Trocknen,
14–22 Uhr Räuchergang Nr. 1
Samstag auf Sonntag: 22–10 Uhr Lüften
Sonntag: 10–18 Uhr Räuchergang Nr. 2

Lade Ihres Räucherofens. Wer im Karton oder Zelt räuchern möchte, benutzt einen alten Blecheimer. Ein modifiziertes Stück einer Dachrinne ist ebenfalls gut geeignet. Mittels einer »Zündschnur« aus Küchenkrepp wird nun ein Schwelbrand in Gang gesetzt, der sich langsam im Eimer ausbreitet. Wer auf Nummer Sicher gehen will, hat im Vorfeld schon einmal eine Testzündung mit der Stoppuhr gemacht. So findet man heraus, nach wie vielen Stunden der Eimer beziehungsweise die Lade neu beschickt werden muss, und man erhält Gewissheit darüber, ob die Temperatur passt. Wenn der Eimer schön qualmt, wird er einfach in die Räucherkammer gestellt.

Geräuchert wird in zwei Etappen von jeweils acht Stunden. Hierbei müssen wir unbedingt die Temperatur überprüfen. Wenn die 25-Grad-Marke auch nur für kurze Zeit überschritten wird, beginnt das Eiweiß zu gerinnen – man erkennt diesen Prozess an der hellen Verfärbung. Der Lachs schmeckt dann zwar immer noch, hat aber nicht mehr die spezielle »rohe« Konsistenz, die wir erreichen möchten.

Zwischen den Rauchphasen wird eine zwölfstündige Pause eingelegt, während deren das Filet an der frischen Luft »durchatmen« kann. Wer mehr Raucharoma haben möchte, hängt einfach eine dritte Räucherphase dran. Im Anschluss an den letzten Räuchergang sollte der fertige Fisch noch einen weiteren Tag »ablüften« und ist dann bereit zum Verzehr. Ich schneide das Filet nun mit einem speziellen Lachsmesser in hauchdünne Scheiben und friere es in Portionen vakuumiert ein.

LINKS: Das fertige Filet können Sie mit einem speziellen Lachsmesser in hauchdünne Scheiben schneiden.

RECHTS: Für ein zwei Pfund schweres Fischstück werden etwa 90 Gramm der Zucker-Salz-Mischung benötigt.

Gebeizter und »Graved Lachs« – zwei Möglichkeiten:

1. Beizen im Kühlschrank

Wenn Sie gebeizten Fisch essen möchten, lassen Sie Ihr Lachsfilet in der Beize einfach 24–48 Stunden im Kühlschrank liegen. Dann werden die Fischstücke aus der Schale genommen, gespült und getrocknet und anschließend endsprechend geschnitten und portioniert.

2. Fermentation

Man kann den Lachs aber auch fermentieren, ohne ihn einzugraben. Dazu wird das Filet, wie oben beschrieben, gebeizt. Für ein zwei Pfund schweres Fischstück werden etwa 90 Gramm der Zucker-Salz-Mischung benötigt. Auf die Fleischseite kommen die Kräuter und Gewürze. Nun klappen Sie das Filet so zusammen, dass die Haut nach außen zeigt, und packen es in einer Tüte ein. Alternativ kann man auch zwei Lachfilets aufeinanderlegen. Eine bessere Qualität wird erreicht, wenn man die Filets in Frischhaltefolie wickelt und dann vakuumiert. Im Handel gibt es für diesen Zweck für den Einsteiger recht günstige Geräte, wie zum Beispiel das Vakuumsystem von Zebco.

Das Paket wird nun an einem kühlen Ort, am besten ist eine Temperatur zwischen 8 und 10 °C, zwischen zwei Bretter gelegt und mit einem Stein beschwert. Zur Lagerung kann man auch wunderbar einen auf 8 °C hochgedrehten Kühlschrank verwenden. Anstatt des Steins funktionieren auch einfache Schraubzwingen, die allerdings zweimal am Tag leicht nachgespannt werden müssen.

Nach 24–36 Stunden wird der Fisch gewendet und wieder für weitere 24–36 Stunden gepresst. Danach können Sie den Fisch auspacken und die Beize weggießen. Nur noch kurz spülen, etwas trockentupfen und fertig ist Ihr »Graved Lachs«.

Klappen Sie das Filet so zusammen, dass die Haut nach außen zeigt, und packen Sie es in einer Tüte ein.

Wenn Sie Schraubzwingen verwenden, müssen diese zweimal am Tag leicht nachgespannt werden.

»Hovmästarsås«

Egal, wie Sie Ihren Lachs hergestellt haben, servieren Sie ihn als hauchdünn geschnittene Scheiben auf frischen, knusprigen Brötchen oder Baguette, darunter etwas Butter. Die Krönung hierfür ist die schwedische »Hovmästarsås«, eine interessante süßliche Senfsoße, die leicht herzustellen ist:

Zutaten:
2 Esslöffel Hausmachersenf
2 Esslöffel Dijonsenf
2 Esslöffel Honig
½ Zitrone
Pfeffer
1 Bund frischer Dill

Die Senfteile und der Honig werden miteinander verrührt, dann kommt der Zitronensaft dazu und anschließend wird etwas fein gehackter Dill untergemischt. Fertig.

Kinderleichter Spaß draußen

Es muss nicht immer die klassische Tonne sein, um leckeren Fisch mit dem gewissen »Holzaroma« auf den Teller zu bekommen. Mit einfachen Mitteln lassen sich auf dem Campingplatz oder im Garten Fische und deren Filets schnell zu Köstlichkeiten verwandeln. Dazu braucht es nicht mehr als frischen Fisch und ein gutes Feuer mit geeignetem Holz – der Fantasie sind keine Grenzen gesetzt, denn erlaubt ist, was schmeckt!

Ein Freund von mir bereitet seine Fische in einer Butterbrotdose auf einem kleinen Feuer direkt am Wasser zu. Auf einem Campingplatz haben wir schon mehrfach erfolgreich Forellen in einer leicht modifizierten Fünf-Liter-Bierdose geräuchert. Sogar das zusammen mit einem Wacholderästchen in Aluminiumfolie eingewickelte und dann am Motor meines Motorrades gegarte Wolfsbarschfilet war wirklich etwas Besonderes! Im Gegensatz zu den unzähligen Fertigprodukten, die man in seinem Leben konsumiert, wird man diese ganz speziellen Essen niemals vergessen.

»Festgenagelt«

Im Sommer nagle ich beizeiten gerne Fische auf Bretter, um sie am Lagerfeuer zu garen. Für diesen Zweck habe ich mir Erlenbretter besorgt und auf eine Seite Eisenstangen geschraubt. In den Boden gesteckt, lassen sich diese Konstruktionen ganz einfach im gewünschten Abstand am Feuer positionieren.

Bevor der Fisch auf dem Brett fixiert wird, wird er gesalzen und gewürzt, dann kann gehämmert werden. Am Feuer hat das Brett verschiedene Aufgaben: Mit den Nägeln gibt es dem Fisch Halt und hält ihn schön in Form. Senkrecht am Feuer positioniert, reflektiert die Holzfläche wunderbar

die Hitze und sorgt dafür, dass das Fleisch gleichmäßig gar wird – der Fisch braucht also nicht gewendet zu werden. Neben dem Feuer und dessen Rauch gibt auch das erhitzte Brett die gewünschten Holzaromen an den festgenagelten Fisch ab. Das Schöne bei dieser Methode ist die ursprüngliche Geselligkeit. Am Abend mit Freunden am Feuer sitzen, sich über dies und das unterhalten und dabei leckeres Essen zubereiten, gehören für mich definitiv zu den besten Momenten eines jeden Sommers!

Nach ein paar Versuchen entwickelt sich schnell ein gutes Gefühl für den richtigen Abstand und man kann den Fisch entweder richtig kross brutzeln oder langsam durchgaren. Wer seinem fertigen Fisch ein extra Raucharoma verpassen will, löscht das Feuer (natürlich ohne Wasser), wenn dieser gar ist, und positioniert das Brett so, dass es direkt im Rauch steht – fast wie Räuchern, nur ohne Räucherofen.

Nicht nur für unterwegs – die schnelle Forelle

Unter dem Namen »Tischräucherofen« gibt es im Handel handliche Edelstahl-Räuchergeräte, die man problemlos auf dem Gartentisch in Betrieb nehmen kann. Die Fische sind in etwa einer halben Stunde fertig. Wenn man es genau nimmt, werden sie nicht wirklich geräuchert, sondern eher gedünstet und dabei mit einer guten Rauchnote versehen. Der Vorteil dieser schnellen Zubereitungsmethode: Der Fisch behält im Verhältnis zu einem im »normalen«

LINKS: Der »Feuerfisch« ist eine gesellige Art, Fisch zuzubereiten.

OBEN: Als Erstes wird die Mulde in der Wanne mit etwas Buchenmehl gefüllt.

UNTEN: Feuer frei! Vorsicht, die Flamme ist in den ersten Minuten kaum sichtbar.

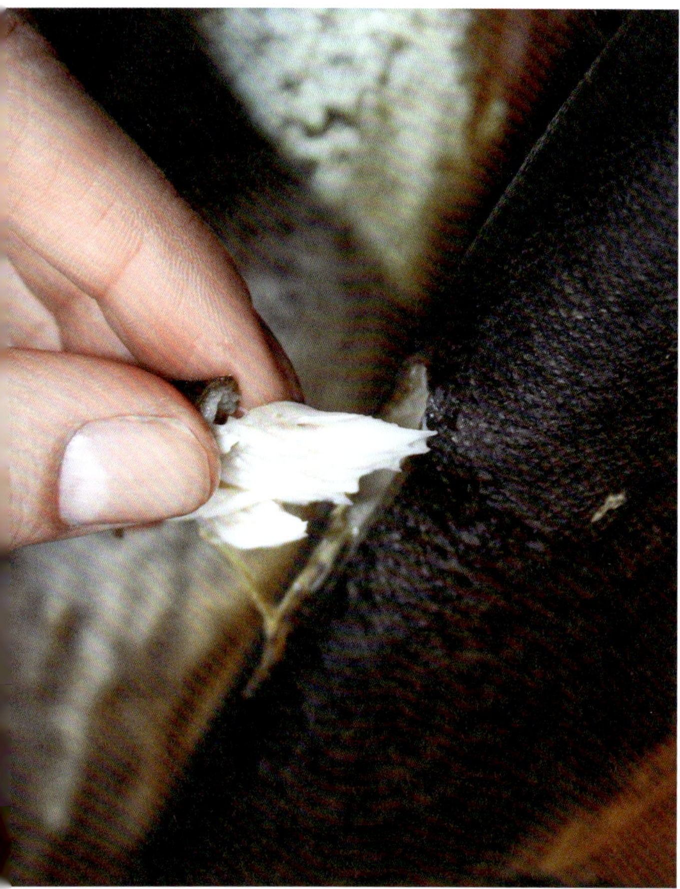

Räucherofen zubereiteten viel mehr Flüssigkeit und ist dadurch saftiger. Aus diesem Grund eignen sich Tischräucheröfen besonders für fettarme Fische wie Barsche und Zander. Da diese kleinen Geräte nicht nur im Urlaub durchaus praktisch sind, erhalten sie hier eine eigene Rubrik. Ann-Katrin zeigt, wie es geht.

Als Erstes wird die Mulde in der Wanne mit etwas Buchenmehl gefüllt. Ein bisschen Wachholder soll für das gewisse Extra sorgen. Damit das Sägemehl später möglichst lange qualmt, wird es mit etwas Wasser befeuchtet. Das Tropfblech wird über das Sägemehl gestellt und darüber der Rost mit den Fischen platziert. Die klassisch gesalzenen und vorgetrockneten Fische werden am besten aufgeklappt auf den Rost gelegt. Auf diese Weise bekommen sie viel Rauch ab. Dann werden die Brenner mit Brennspiritus gefüllt und in die dafür vorgesehenen Halterungen gestellt. Nun heißt es Feuer frei! Aber Vorsicht, die Flamme ist in den ersten Minuten kaum sichtbar. In der nächsten halben Stunde erhitzen die beiden Brenner den Ofen auf ca. 100 °C. Der kleine Rauchabzug auf dem Deckel bleibt leicht geöffnet, damit verdampfende Feuchtigkeit abziehen kann. Am besten während der Garphase den Deckel NICHT zu Kontrollzwecken anheben, sonst ist schnell der gute Rauch futsch. Nach fast genau einer halben Stunde sind die Brenner ausgebrannt und der Fisch genau richtig. Der Flossentest gibt Gewissheit: gar!
Auch wenn es nicht wirklich geräuchert ist, kann sich das Ergebnis sehen lassen.

OBEN: Der Flossentest gibt Gewissheit: die Fische sind gar!

UNTEN: Während der Garphase den Deckel nicht anheben, sonst ist der gute Rauch schnell fort.

RECHTS: Auch wenn es nicht wirklich geräuchert ist, kann sich das Ergebnis sehen lassen.

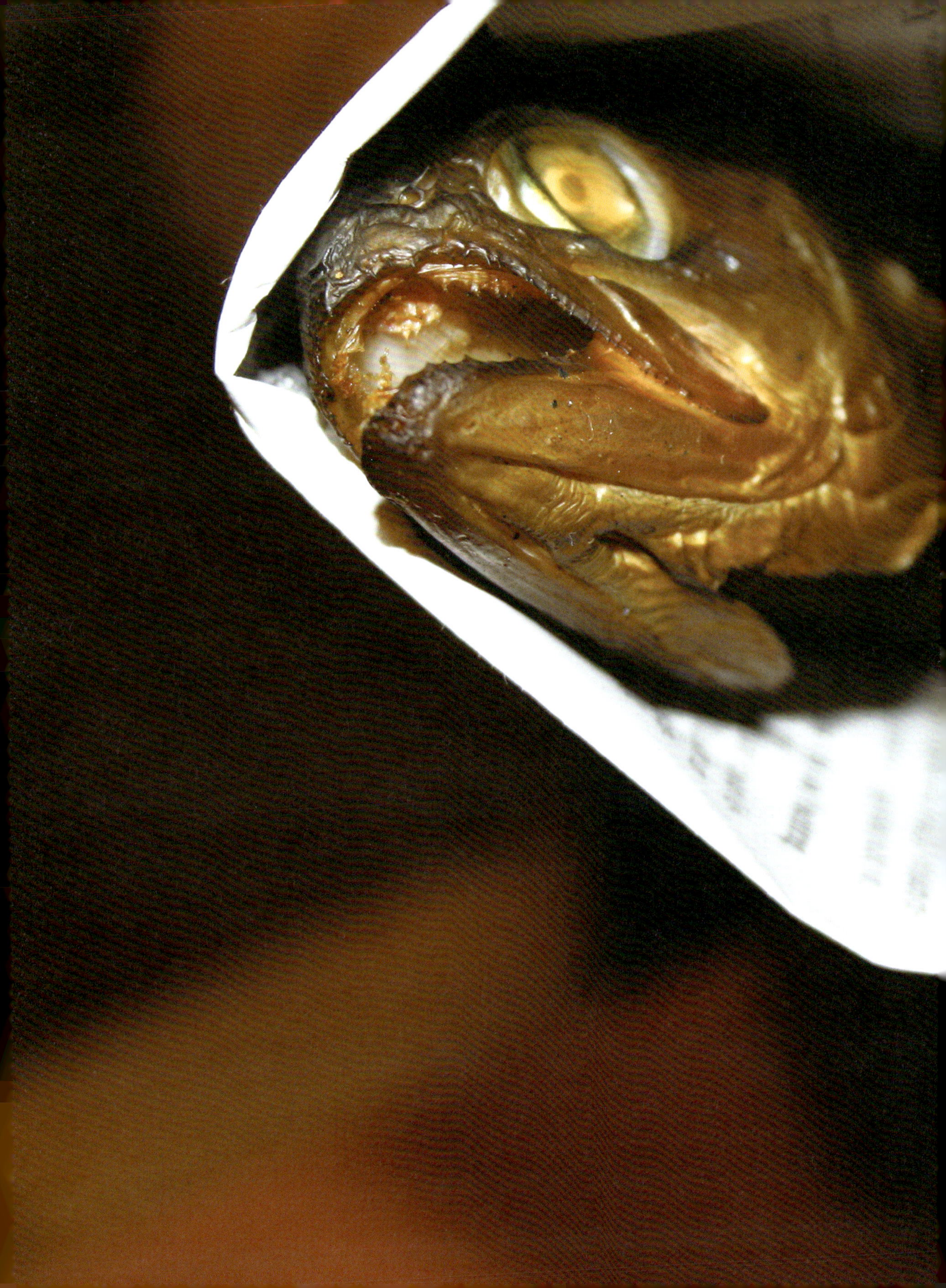

Frisch auf den Tisch

Frisch geräucherter Fisch ist eine Delikatesse.
Aber muss es immer Weißbrot mit Fisch sein?
Auf den folgenden Seiten erfahren Sie, wie Sie in kürzester
Zeit mit Ihrem selbst geräucherten Fisch ausgefallene
Köstlichkeiten zubereiten können.
Lassen Sie sich inspirieren und probieren Sie es aus!

Räucherfischbratlinge auf glasierten Gurken

Zubereitungszeit: 40 min
Garzeit ca.: 10 min
Schwierigkeitsgrad: leicht

Zutaten

Für 4 Personen

1 Brötchen, vom Vortag | 1 Frühlingszwiebel | 1 rote Chilischote | 2 EL Butter | 400 g Lachsfilet | 200 g Räucherlachs | 2 EL gehackter Dill | 1 Messerspitze Zitronenabrieb, unbehandelt | 1 Ei | Semmelbrösel, nach Bedarf | Salz | Pfeffer | 3–4 EL Pflanzenöl | 2 Salatgurken | 1 Zwiebel | 100 ml Gemüsebrühe | 2 EL Weißweinessig | Chiliflocken | 1 Prise Zucker | Dillspitzen, zum Garnieren

Zubereitung

1 Das Brötchen in lauwarmem Wasser einweichen. Die Frühlingszwiebel putzen, waschen und fein hacken. Die Chilischote waschen, halbieren, die Kerne entfernen und die Schote ebenfalls fein hacken. Beides zusammen in heißer Butter kurz anschwitzen und wieder abkühlen lassen.

2 Den frischen Lachs abbrausen, trockentupfen und mit dem Räucherlachs sehr fein hacken. Beides mit dem ausgedrückten und zerpflückten Brötchen, dem Dill, dem Zitronenabrieb und dem Ei vermengen. Sollte die Masse zu weich sein, noch Brösel untermengen. Mit Salz und Pfeffer abschmecken und daraus ca. 8 Bratlinge formen. In 2–3 EL heißem Öl in einer beschichteten Pfanne auf jeder Seite 3-4 Minuten goldbraun braten.

3 Die Gurken schälen, der Länge nach halbieren, entkernen und in Scheiben schneiden. Die Zwiebel abziehen, halbieren, in Streifen schneiden und im restlichen, heißen Öl goldbraun andünsten. Die Gurkenscheiben zufügen, die Gemüsebrühe und den Essig angießen und 3–4 Minuten dünsten. Mit Salz, Chiliflocken und Zucker abschmecken.

4 Die Gurken auf Tellern anrichten, darauf die Bratlinge legen und mit Dill garniert servieren.

Räucherforellen-Birnen-Dip

Zubereitungszeit: 15 min
Schwierigkeitsgrad: leicht

Zutaten

Für 4 Personen

1 Birne | 1–2 EL Zitronensaft | 100 g Joghurt | 2 EL Crème fraîche | 250 g Räucherforelle, ohne Haut und Gräten | 1–2 TL frisch geriebener Meerrettich | Salz | Pfeffer | Kresse, zum Garnieren

Zubereitung

1 Die Birne schälen, halbieren, das Kernhaus herausschneiden und die Hälften in Stücke schneiden.

2 Zusammen mit dem Zitronensaft, dem Joghurt, der Crème fraîche und der zerpflückten Räucherforelle im Mixer fein pürieren.

3 Mit Meerrettich, Salz und Pfeffer abschmecken und mit Kresse garniert servieren.

Gegrillter Räucheraal mit Sojaglasur

Zubereitungszeit: 10 min
Grillen ca.: 8 min
Schwierigkeitsgrad: leicht

Zutaten

Für 4 Personen

800 g Räucheraal, mit Haut und ohne Gräten | 4 EL Sojasauce | 2 EL Honig | 1–2 EL Limettensaft | Frühlingszwiebelgrün, zum Garnieren | schwarzer Sesam, zum Bestreuen

Zubereitung

1 Den geräucherten Aal in etwa 8 cm große Stücke schneiden und auf gewässerte Holzspieße stecken. Die Sojasauce mit dem Honig und dem Limettensaft verrühren.

2 Den Fisch mit der Hautseite nach unten auf den Grill legen und mit der Marinade bestreichen. Etwa 8 Minuten grillen und ab und zu wenden. Immer wieder mit der Marinade bestreichen.

3 Mit Sesam bestreut und mit Frühlingszwiebeln garniert servieren.

4 Dazu nach Belieben Reis reichen.

Spaghetti Carbonara mit Räucheraal

Zubereitungszeit: 15 min
Garzeit ca.: 20 min
Schwierigkeitsgrad: leicht

Zutaten

Für 4 Personen

400 g Spaghetti | Salz | 4 Eigelb | 250 ml Sahne | Pfeffer | 400 g Räucheraalfilets, ohne Haut und Gräten | 1 Knoblauchzehe | 1–2 EL Olivenöl | 2–3 EL frisch geriebener Parmesan | 2 EL Schnittlauchröllchen

Zubereitung

1 Die Nudeln in Salzwasser al dente kochen.

2 Die Eigelbe mit der Sahne in eine Schüssel geben. Mit Salz und Pfeffer würzen und verquirlen. Den Aal in Streifen schneiden.

3 Den Knoblauch schälen und fein hacken. Kurz im heißen Öl in einer Pfanne glasig anschwitzen. Die abgetropften Nudeln mit dem Parmesan unterschwenken. Von der Hitze nehmen, den Aal, den Schnittlauch und die Eiersahne unterschwenken.

4 Auf Tellern anrichten und servieren.

Geräucherter Saibling mit Apfelsalat

Zubereitungszeit: 25 min
Garen und Räuchern ca.: 18 min
Schwierigkeitsgrad: mittel

Zutaten

Für 4 Personen

2 Saiblinge, küchenfertig à ca. 300 g | Salz | Pfeffer | 1 Gurke | 1 säuerlicher Apfel | 2 EL Zitronensaft | 1 TL Honig | 2 EL Weißweinessig | 4 EL Rapsöl
zum Garnieren: frisch geriebener Meerrettich | 50 g Saiblingskaviar | Dillspitzen

Zubereitung

1 Die Saiblinge abbrausen, trockentupfen und innen wie außen mit Salz und Pfeffer würzen. Im Dampfgarer bei 90 °C ca. 8 Minuten dämpfen. Herausnehmen und ca. 10 Minuten abkühlen lassen. Währenddessen das Räuchermehl im Räucherofen anheizen. Die Saiblinge hineinlegen und ca. 10 Minuten verschlossen räuchern.

2 Für den Salat die Gurke schälen, die Enden abschneiden und in feine Scheiben hobeln. Den Apfel waschen, vierteln, entkernen und die Viertel ebenfalls in feine Scheiben hobeln. Den Saft mit dem Honig, Essig und dem Öl verrühren und mit Salz und Pfeffer abschmecken. Die Gurken und die Äpfel untermengen und auf Tellern verteilen.

3 Die Saiblinge aus dem Rauch nehmen, etwas abkühlen lassen, die Haut abziehen und die Filets von den Gräten lösen. Evtl. noch Gräten entfernen und auf den Salat legen.

4 Mit Meerrettich, Kaviar und Dill garniert servieren.

Räucherlachs mit Erdbeeren, Rucola und grünem Pfeffer

Zubereitungszeit: 15 min
Schwierigkeitsgrad: leicht

Zutaten

Für 4 Personen
400 g Räucherlachs, in Scheiben | 250 g Erdbeeren | 1 Hand voll Rucola | 2 EL grüner Pfeffer, eingelegt | Pfeffer, aus der Mühle | 1–2 EL Zitronensaft

Zubereitung

1 Den Räucherlachs auf Tellern oder einer Platte anrichten.

2 Die Erdbeeren waschen, putzen und je nach Größe halbieren oder vierteln.

3 Den Rucola waschen, putzen, gut abtropfen lassen und nach Bedarf kleiner zupfen.

4 Die Erdbeeren dekorativ auf dem Lachs verteilen und den Rucola sowie den grünen Pfeffer darüberstreuen.

5 Mit frischem Pfeffer übermahlen und mit etwas Zitronensaft beträufelt servieren.

Räuchermakrelen-Rillette

Zubereitungszeit: 10 min
Kühlzeit mind.: 2 h
Schwierigkeitsgrad: leicht

Zutaten

Für 4 Personen

300 g Räuchermakrelenfilets, ohne Haut und Gräten | 150 g Crème fraîche | 1–2 EL Meerrettich, Glas | 2 EL grob gehackte Petersilie | 1 Spritzer Zitronensaft | Salz | Pfeffer

Zubereitung

1 Die Filets grob zerpflücken und im Blitzhacker mit der Crème fraîche und dem Meerrettich fein pürieren.

2 Die Petersilie untermengen und mit Zitronensaft, Salz und Pfeffer abschmecken. Vor dem Servieren mindestens 2 Stunden kalt stellen.

3 Auf Brotscheiben servieren.

Dicke-Bohnen-Paste mit Räuchermakrele

Zubereitungszeit: 20 min
Garzeit ca.: 10 min
Schwierigkeitsgrad: leicht

Zutaten

Für 4 Personen

600 g dicke Bohnen | Meersalz | 2 EL Olivenöl | 1–2 EL Zitronensaft | 4 Frühlingszwiebeln | 80 g Walnusskerne | 400 g Räuchermakrele, ohne Haut und Gräten | 1 Spritzer Zitronensaft | Pfeffer

Zubereitung

1 Die Bohnen waschen und in Salzwasser ca. 8 Minuten weich blanchieren. Abschrecken, abtropfen lassen und die Haut abziehen. 2 EL zum Garnieren beiseitelegen und den Rest der Bohnen mit dem Öl und dem Zitronensaft mit einer Gabel fein zerdrücken.

2 Die Frühlingszwiebeln waschen, putzen und in feine Ringe schneiden. Die Walnusskerne grob hacken. Die Makrele zerpflücken und zusammen mit den Frühlingszwiebeln und den Walnüssen unter das Bohnenpüree mengen. Mit Meersalz, dem Zitronensaft und Pfeffer abschmecken und mit den restlichen Bohnen garniert servieren.

Räucherheringssalat mit Zitronen und Artischocken

Zubereitungszeit: 35 min
Garzeit ca.: 30 min
Schwierigkeitsgrad: leicht

Zutaten

Für 4 Personen
600 g festkochende Kartoffeln | 12 kleine Artischocken | 3–4 EL Zitronensaft | Salz | 1 Schalotte | 100 ml Gemüsebrühe | 2–3 EL Weißweinessig | 80 g eingelegte Zitronen, Glas | 300 g Räucherhering | Pfeffer | 3–4 EL Pflanzenöl

Zubereitung

1 Die Kartoffeln waschen und ca. 30 Minuten gar dämpfen. Anschließend schälen und lauwarm abkühlen lassen.

2 Die Artischocken putzen, dabei den Stiel zum Teil stehen lassen und schälen. Harte Blätter und Blattspitzen abschneiden. Die geputzten Artischocken längs halbieren und sofort mit etwas Zitronensaft beträufeln. In Salzwasser 4–5 Minuten weich garen. Abgießen und abkühlen lassen. Die Schalotte schälen und fein würfeln. Mit der Brühe und dem Essig aufkochen lassen. Von der Hitze nehmen und leicht abkühlen lassen. Die Zitronen in Spalten schneiden und dazugeben. Den Hering in Streifen schneiden.

3 Die Kartoffeln in Spalten schneiden. Mit der Brühe übergießen, salzen, pfeffern, die Artischocken und den Hering untermengen und ca. 10 Minuten ziehen lassen. Zum Schluss das Öl untermengen und abschmecken.

Register

A

B

D

E

F

G

H

I

K

L

M

N

O

P

R

S

T

V

W

Z

Über den Autor

Jan Lock, Jahrgang 1976, angelt seit seinem vierten Lebensjahr. Die Leidenschaft für das Angeln wurde von seinem Vater entfacht, der ihn quasi von »Geburt an« mit ans Wasser nahm. Als Allroundangler, der gerne an neuen Methoden tüftelt, ist er seit über zehn Jahren als freier Autor tätig.

Wenn er nicht am oder auf dem Wasser zu finden ist, geht der studierte Diplom-Sportwissenschaftler im heimischen Westerwald-Revier zur Jagd – beste Voraussetzungen, um daheim hochwertige Lebensmittel zu genießen.

Sein Motto beim Angeln sowie in der Küche: »Einfach und gut!« Mit praktischen Grundkenntnissen, etwas Erfahrung und ein wenig Improvisationstalent lassen sich Ergebnisse erzielen, die qualitativ überzeugen und vor allem viel Spaß machen.

Impressum

Bibliografische Information der Deutschen Nationalbibliothek
Die Deutsche Nationalbibliothek verzeichnet diese Publikation in der Deutschen Nationalbibliografie; detaillierte bibliografische Daten sind im Internet über http://dnb.d-nb.de abrufbar.

2. Auflage

BLV Buchverlag GmbH & Co. KG
80636 München

Bildnachweis:
Alle Fotos vom Verfasser mit Ausnahme von: Ehrler, Björn: S. 31 oben links; Eilers, Dirk: S. 43-45; Heine, Markus: S. 4 links unten, S. 6, S. 8/9, S. 69 unten, S. 70, S. 71 unten, S. 74 unten, S.115; Hoch, Christian: S. 74; Lock, Rainer: S. 111; Weber, Sven: S. 84; ©sasel77-Fotolia.com: Hintergrundbild S. 29, S. 94, S. 115, S. 121; CSA Images / B&W Archive Collection: Grafik Fisch

Umschlagkonzeption und -gestaltung: BLV-Verlag
Umschlagfotos:
Vorderseite: Stockfood / Loden Greve Photography (Foto); CSA Images / B&W Archive Collection (Grafik)
Rückseite: Markus Heine (links); Jan Lock (rechts)

Lektorat: Alexandra Stronski
Herstellung: Ruth Bost
Layoutkonzept Innenteil: griesbeckdesign, München
Layout und Satz: Anton Walter, Gundelfingen

Gedruckt auf chlorfrei gebleichtem Papier

Printed in Germany
ISBN 978-3-8354-1895-0

Hinweis
Das vorliegende Buch wurde sorgfältig erarbeitet. Dennoch erfolgen alle Angaben ohne Gewähr. Weder Autor noch Verlag können für eventuelle Nachteile oder Schäden, die aus den im Buch vorgestellten Informationen resultieren, eine Haftung übernehmen.

www.facebook.com/blvVerlag